카이사르와 로마 제국

세계 석학들이 뽑은
만화 세계대역사 50사건 ⑪

카이사르와 로마 제국

개정 1판 1쇄 인쇄 | 2018. 1. 22.
개정 1판 1쇄 발행 | 2018. 2. 12.

김창회 글 | 진선규 그림 | 손영운 기획

발행처 김영사 | 발행인 고세규
편집 고영완 | 디자인 유상현

등록번호 제 406-2003-036호 | 등록일자 1979. 5. 17.
주소 경기도 파주시 문발로 197(우 10881)
전화 마케팅부 031-955-3100 | 편집부 031-955-3113~20 | 팩스 031-955-3111

ⓒ2018 김창회, 진선규, 손영운
이 책의 저작권은 저자에게 있습니다. 저자와 출판사의 허락 없이 내용의 일부를
인용하거나 발췌하는 것을 금합니다.

값은 표지에 있습니다.
ISBN 978-89-349-4467-6 07900
ISBN 978-89-349-3997-9(세트)

좋은 독자가 좋은 책을 만듭니다. 김영사는 독자 여러분의 의견에 항상 귀 기울이고 있습니다.
독자의견전화 031-955-3139 | 전자우편 book@gimmyoung.com | 홈페이지 www.gimmyoungjr.com
어린이들의 책놀이터 cafe.naver.com/gimmyoungjr | 드림365 cafe.naver.com/dreem365

어린이제품 안전특별법에 의한 표시사항
제품명 도서 제조년월일 2018년 2월 12일 제조사명 김영사 주소 10881 경기도 파주시 문발로 197
전화번호 031-955-3100 제조국명 대한민국 ⚠ 주의 책 모서리에 찍히거나 책장에 베이지 않게 조심하세요.

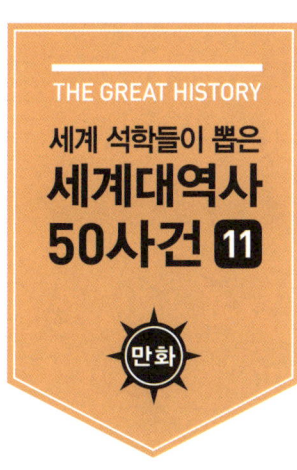

THE GREAT HISTORY

세계 석학들이 뽑은
세계대역사
50사건 11

만화

카이사르와 로마 제국

김창회 글 | 진선규 그림 | 손영운 기획

주니어김영사

기획자 머리말

공부의 기본기를
저절로 다져 주는 책!

우리나라의 불교를 더욱 발전시킨 성철 큰스님은 세상을 떠나면서, '산은 산이고 물은 물이다.'라는 법어를 남겼습니다. 저는 그 말씀이 매우 단순하지만 의미가 예사롭지 않아 평소에 잘 알고 지내던 스님께 그 뜻을 물었습니다. 그랬더니 그 스님은 이렇게 설명해 주었습니다.

옛날 중국에서 다섯 분의 큰스님이 《금강경》을 해설하면서 책을 썼는데, 그 책 속에 '산시산(山是山) 수시수(水是水) 불재하처(佛在何處)'라는 글이 들어 있다. 이 글의 뜻을 풀이하면 '산은 산이요 물은 물인데 부처님은 어디에 계실까?'이다. 성철 스님께서는 이 글의 앞 부분을 떼어내 법어로 남겼다. 사람들에게 세상을 자신의 주관이나 욕심에 따라 보지 말고, '있는 그대로 똑바로 보고 살아라. 그러면 세상 곳곳에 부처님이 있을 것이다.'라는 가르침을 주기 위해서다.

저는 고개를 끄덕였습니다. 그 뒤로 세상일을 마주하면 '산은 산이고 물은 물이다.'라는 말씀을 떠올리며 세상을 똑바로 보려고 노력했습니다. 다른 사람들의 생각과 행동을 있는 그대로 바라보고 존중했습니다. 그랬더니 사람들과의 마찰이나 갈등이 줄어들고 마음이 평안해졌습니다.

그런데 시간이 갈수록 문제가 생겼습니다. 산이 물이 되고, 물이 산이 되어 가치관의 혼돈이 일어났기 때문입니다. 공자께서 사람의 나이 마흔이 되면 모든 것에 홀리지 않는 불혹(不惑)의 경지에 이른다고 했는데, 저는 그렇지 못했습니다. 큰 고민이 생긴 것입니다.

저는 책을 읽었습니다. 동서양에서 수천 년 동안 일어난 일을 기록한 세계사를 읽었습니다. 서양 문명의 토대가 되는 그리스 사람들의 생각을 담은 《그리스 철학사》, 로마 제국의 흥망을 다룬 《로마 제국 쇠망사》, 중국 춘추 전국 시대의 혼란을 생생하게 말한 《패권의

시대》, 그동안 잘 알지 못하고 지낸 이슬람 문명을 소개한 《이슬람 문명》, 인류 역사의 큰 전환을 이룬 대표적인 혁명을 다룬 《프랑스 혁명에 관한 성찰》 그리고 《실크로드 길 위의 역사와 사람들》 등을 읽었습니다.

 책을 읽으면서 세상을 똑바로 바라보기 위해서는 세상을 보는 제대로 된 눈을 가져야 하고, 그러려면 개인의 삶과 인류 역사에 대한 통찰력을 가져야 한다는 것을 깨달았습니다. 특히 한 시대를 지배했던 강대한 문명과 제국이 몰락할 때는 지배 세력이 오만함이 있었고, 그 오만에 취해 무엇이 잘못되고 있는지를 보지 않았다는 사실을 알게 되었습니다. 그리고 사상과 국경, 종교와 인종을 넘어서는 맑고 큰 눈을 가져야 세상을 똑바로 볼 수 있다는 사실을 알게 되었습니다.

 이와 같은 깨달음을 독자들에게 전하기 위해서 만든 책이 바로 〈세계 석학들이 뽑은 만화 세계대역사 50사건〉입니다. 제가 전에 펴낸 〈서울대 선정 만화 인문고전 50선〉이 사고의 틀을 만드는 데 도움을 주는 책이라면, 〈세계 석학들이 뽑은 만화 세계대역사 50사건〉은 세상을 바라보는 '통찰의 눈'을 갖게 하는 책이라고 생각합니다. 이 두 시리즈를 제대로 읽는다면 독자들은 '인문 사회학적 사고의 기본기'를 제대로 갖출 수 있으리라 자신합니다.

 오늘날 우리 사회는 미래 세대에게 세상을 어떻게 살아야 하는지, 어떤 세상을 만들면서 살아야 하는지를 가르치는 일에 소홀합니다. 높은 자리에 올라 윤택한 삶을 사는 일이 최고라는 가치관을 반복해서 주입하고 있습니다. 그래서 어떤 이는 우리 사회를 두고 '사유가 정지된 사회'라고 비판합니다. 하지만 저는 그렇게 생각하지 않습니다. 그동안 우리의 역사는 수많은 역경을 딛고 발전했으며, 앞으로 더 발전할 것이라 생각합니다. 우리 역사를 주도할 미래 세대를 믿기 때문입니다. 그들에게 이 책을 바칩니다.

손영운

글 작가 머리말

역사에 대한 관심을 끌어내는 '마중물'이 되기를…

여러분, 혹시 '마중물'이란 단어를 들어보신 적이 있나요?

지금은 보기 드물지만 예전에는 집집마다 물을 끌어 올리던 펌프가 많았습니다. 펌프에서 나오는 물은 너무나 시원하고 달았습니다. 그런데 펌프는 사용하지 않고 놔두면, 또는 한참 사용하다 보면 '꾸륵'하는 소리를 내며 갑자기 물이 잘 나오지 않을 때가 있습니다. 그러면 한 바가지 가득 물을 담아 펌프에 붓습니다. 그리고 부지런히 펌프질을 하면 잠시 후 시원한 물이 콸콸 나옵니다. 그때는 그 모습이 마술 같았는데 알고 보니 그 한 바가지 물이 바로 마중물이었습니다. 마중물은 바로 땅 속 깊은 곳에 있던 물을 맞이하기 위해 부어진 물을 말합니다. 그 작은 물은 버려지는 것이 아니라 오히려 큰물을 끌어오는 중요한 역할을 수행한 것이었습니다. 저는 이 마중물을 지금부터 역사에 대한 새로운 관심의 시작이라고 바꿔 부르고자 합니다.

대부분 사람들은 역사를 재미없고 따분하고 그저 흘러간 옛이야기 정도로 인식하고 있습니다. 아마 이 책의 첫 장을 편 여러 친구들도 비슷한 생각을 하고 있을지도 모르지요. 그래서 처음 이 글을 시작할 때 저는 만화라는 새로운 옷을 통해 재미없고 따분한 역사를 유익하고 흥미로운 새로운 세계로 인도해 보자는 '원대하고도 거창한' 결심을 했었습니다. 그래서 글을 쓰는 동안 도서관과 인터넷 정보 사이트를 정신없이 돌아다니기도 했고, 동료 선생님께 조언을 구하는 등 정말 많은 정보를 모으고 골라내고 편집하는 작업을 수행했습니다. 여기에는 학교에서 학생들과 만나 이야기를 주고받는 교사로서, 정말 많은 것을 일러주고 싶은 사명감도 상당 부분 작용했답니다.

솔직히 저는 이번에 로마의 역사에 대해 글을 쓰면서 그 영향력에 대해 새삼 실감했습니다. 근대 역사학의 아버지 랑케Leopold von Ranke는 "고대의 모든 역사는 로마라는 호수로 흘러 들어갔고, 근대의 모든 역사는 로마의 역사에서 흘러 나왔다."라고 말했습니다. 이 말 속

에는 우리가 로마를 읽어야 하는 이유와 함께 세계의 역사, 문화 등을 이해하는 소중한 경험을 포함하고 있습니다. 여러분이 이 책의 마지막 장을 덮는 순간 여러분은 기나긴 로마 역사 여행의 가이드북을 읽은 느낌을 받을 것이라 생각합니다. 이 책에는 로마의 시작, 성장, 갈등, 통일, 발전, 변화, 팽창 그리고 쇠퇴 등 로마의 모든 것이 담겨 있기 때문이지요. 그리고 중요한 순간마다 등장하는 다양한 인물들의 모습도 빠질 수 없을 겁니다.

《카이사르와 로마 제국》은 제목에서 알 수 있듯이 1권에서 살짝 언급했던 카이사르의 이야기를 중심으로 펼쳐집니다. 로마 공화정의 한계를 인식하고 더 크고 위대한 로마의 미래를 꿈꾸었던 카이사르, 과연 그가 우리에게 말하려는 것은 무엇이었을까요?

하지만 이 책에서는 카이사르 말고도 당시 로마 사회를 뜨겁게 달구었던 많은 인물들이 토해 내는 거친 숨소리와 함성도 함께 느끼실 수 있습니다. 자유를 외쳤던 인간 스파르타쿠스에서 로마의 칼과 펜을 상징하던 폼페이우스와 키케로 등 많은 사람들이 만들어 내는 드라마 같은 이야기는 공화정 말기의 로마 모습을 흥미롭게 경험하게 합니다.

저는 이 책이 여러분의 역사에 대한 관심을 불러오는 소중한 마중물이 되었으면 좋겠습니다. 저는 여러분이 이 책을 읽고 난 후 다양한 역사적 사건 속에 녹아 있는 다양한 사람들의 생각과 행동을 알게 되기를 희망합니다. 또 여러분이 역사에 대한 새로운 재미를 느끼고 세계 여러 나라의 역사와 문화 그리고 다양한 사람들의 삶에 흥미를 가지게 되기를 희망합니다.

끝으로 이 책이 나오기까지 무한한 사랑으로 지켜봐 준 가족들에게 고마움을 전합니다. 특히 아빠의 책을 소중하게 생각해 주는 우리 희원, 예원, 고맙다. 그리고 새로운 세상을 알려 주시고 손을 내밀어 이끌어 주신 많은 분들께 감사를 드립니다.

김창회

그림 작가 머리말

위대한 정신이 전해 주는
벅찬 감동의 메시지, 로마

작품을 하기 전, 로마하면 먼저 떠오르는 이미지가 있었습니다.
콜로세움 안에서 그물망을 던지며 삼지창을 거머쥔 검투사! 그 원형경기장을 따라 환호하는 로마 시민들! 그리고 비스듬히 앉아 마치 졸리듯 경기장을 내려다보고 있는 로마 황제의 모습.

그러나 지금은 좀 다릅니다. 수 개월의 힘든 원고 작업이 끝난 지금은 여유롭게 다시 원형경기장 안으로 들어가 보게 됩니다. 그곳에서는 누군가를 열심히 응원하고 있는 또 다른 나를 볼 수 있고 내 옆에 즐비하게 늘어져 경기를 관람하는 로마의 위대한 영웅들도 볼 수 있었습니다. 물론 그 영웅들 사이에는 이들과 조금 다른 색채감을 풍기며 외로이 경기를 구경하는 매력적인 중년, 한니발의 모습도 섞여 있습니다.

땀 냄새 살 냄새 풍기며 서로의 생존을 위해 싸우던 그들의 모습이 점점 흙먼지 속에 사라질 때쯤 내 입가에는 조그마한 미소가 지어집니다. 임무를 완수했다는 안도감과 함께 로마라는 위대한 나라, 위대한 정신이 나에게 전해준 벅찬 역사의 감동을 맛보았기 때문입니다.

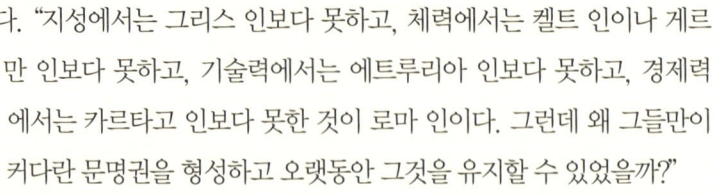

로마는 아주 작은 부락에서 시작해, 도시로, 나라로 마침내 지중해를 '마레 노스트룸 mare nostrum', 즉 우리 바다라고 부르는 대제국을 건설했습니다. 어떤 책에서는 로마 인에 대해 이렇게 의문을 표합니다. "지성에서는 그리스 인보다 못하고, 체력에서는 켈트 인이나 게르만 인보다 못하고, 기술력에서는 에트루리아 인보다 못하고, 경제력에서는 카르타고 인보다 못한 것이 로마 인이다. 그런데 왜 그들만이 커다란 문명권을 형성하고 오랫동안 그것을 유지할 수 있었을까?"
과연 그들이 모든 서양 문명의 종착지이자 시발점인 대제국을 건설한 힘은 무엇이었을까요?

　본문에서 계속해서 강조되지만 그것은 어떠한 상황에서도 합리적으로 생각하고, 또 포용하려 했다는 점 때문일 겁니다. 로마 인들은 전쟁에서 진 사령관에게 다시 군대를 맡긴다고 합니다. 졌을지라도 상대에 대해 가장 잘 아는 것이 그 사람이고 상대에 대해 가장 소중한 경험을 가지고 있기 때문입니다. 로마 인 특유의 합리성과 유연성이 엿보이는 대목입니다.

　또 하나 그들의 저력은 '노블리스 오블리주' 입니다. 사회에 대한 봉사를 당연한 것이자 긍지로 생각한 귀족들의 희생 정신은 현대 사회에도 귀감이 되고 있지요. 수천 년 전, 저 먼 곳에 있던 나라이지만 그럼에도 로마는, 이처럼 그 탄생과 번영, 멸망을 통해 현대를 사는 우리에게 많은 것을 말해 줍니다.

　이 책을 보는 모든 독자들의 입가에도 저처럼 미소가 번지길 바라는 마음으로 작품을 마무리했습니다. 감사합니다. 작업 과정이 다소 힘들긴 했어도 늘 곁에서 이 작품을 관심 있게 지켜봐 준 가족을 비롯해 모든 분들께 감사를 드립니다.

만화가 진선규

차례

1장 스파르타쿠스의 반란 12
    ROME TODAY NEWS
    자유를 향한 외침, 스파르타쿠스를 만나다 / 36

2장 로마의 수호자 폼페이우스 38
    ROME TODAY NEWS
    폼페이우스의 개선식, 그 화려한 현장을 가다 / 54

3장 로마의 지성 키케로 56
    ROME TODAY NEWS
    조각상으로 알아보는 로마, 로마 인의 모습 / 70

4장 카이사르의 등장 72
    ROME TODAY NEWS
    카이사르는 조영관, 법무관을 맡아 무슨 일을 했을까? / 96

5장 카이사르의 선택, 삼두 정치 98
    ROME TODAY NEWS
    카이사르, 삼두 정치로 돌파구를 찾다! / 112

6장 갈리아 정복자 카이사르 ……………… 114
ROME TODAY NEWS
로마에 가면 꼭 들러야 할 곳 / 132

7장 카이사르 대 베르킨게토릭스 ……………… 134
ROME TODAY NEWS
그림 한 장에 담긴 이야기, 베르킨게토릭스에 대하여 / 148

8장 주사위는 던져졌다 ……………… 150
ROME TODAY NEWS
고대 로마에 인터넷이 있었다고? / 166

9장 카이사르 대 폼페이우스 ……………… 168
ROME TODAY NEWS
로마 시대 병사들의 무기는 무엇이었을까? / 188

10장 카이사르의 최후 ……………… 190
재미있는 퀴즈로 풀어 보는 카이사르의 모든 것 / 208
연표로 알아보는 로마 / 210

1장 스파르타쿠스의 반란

민주주의의 꽃을 피운 그리스의 도시 국가 아테네와 지중해를 중심으로 세계 제국을 건설한 로마. 그들의 번영과 화려함 그리고 그 영향력에 대해 21세기를 사는 현대인들은 갖가지 아름다운 말로 찬사를 보내고 있어.

그런데 이 두 국가의 발전에는 공통 요소가 있지.

물론 여러 가지를 생각해 볼 수 있겠지만 그중 하나가 노예 제도라고 한다면 의아해하는 친구들이 많을 거야.

일반적으로 노예 사회라 하면 국민의 30% 정도가 노예인 경우를 말하는데

인류 역사상 이런 사회가 세 번 존재했다고 해.

아테네, 로마 그리고 18세기 미국 남부의 농장.

아테네의 경우 빚에 쪼들려 노예가 되는 것을 금하는 법이 생길 정도였다고 하니

노예 문제가 사회적 문제였다는 것을 쉽게 짐작할 수 있지.

더군다나 민주주의의 발달로 시민들의 정치 참여가 활발해지자 가정에서는 더 많은 노예가 필요했어.

페르시아 전쟁의 승리로 더 많은 외국 노예가 들어왔다고 가정한다면

결국 그리스의 찬란한 민주주의는 노예들의 피땀을 거름 삼아 꽃을 피웠다고 할 수 있지 않을까?

* 속주: 이탈리아 반도 이외의 로마 영토.

그리고 비생산적인 일에도 노예를 이용했는데 대표적인 게 바로 검투사야.
당시 로마의 정치가들은 대중에게 자신을 알리는 방법의 하나로 자주 검투사 경기를 열었고
시민들은 그것을 오락거리로 여겨 즐겨 관람했거든.

예전에 로마가 왕정이었을 때 북쪽에 위치했던 선진국 에트루리아로부터 받아들인 것 중 하나인
검투사 경기가 이제는 로마 인들 생활의 한 부분을 차지하게 된 것이지.

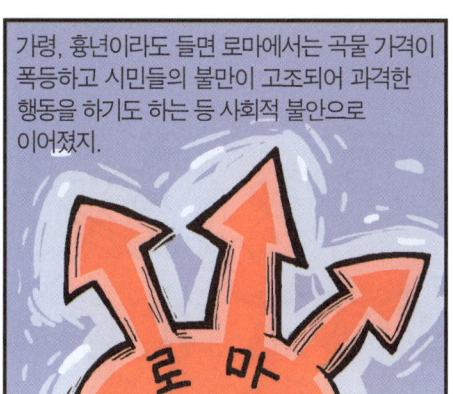

거기다가 시기적으로 로마 사회의 혼란과 큰 변화 - 그라쿠스의 개혁 정책과 유구르타 전쟁, 게르만 족의 침입 등 - 와도 깊은 관련이 있기도 해.

보통 내부에서 일어나는 반란은 지배층이 무능하거나 부패했을 때 아니면 그 사회의 내부 사정이 매우 불안정할 때 자주 발생하거든. 로마는 후자 쪽이라 할 수 있지.

그럼 먼저 시칠리아에서 일어난 노예 전쟁에 대해 간략하게 살펴볼게.

1차 노예 전쟁(B.C. 135~132년)은 시리아 출신 노예인 유누스와 클레온을 중심으로 일어났는데

이들은 7만여 명의 노예를 이끌고 시칠리아의 대부분을 점령했으며 로마 군과의 첫 전투에서 승리를 거두기도 했어.

지도자였던 유누스는 그 기세를 등에 업고 자신을 안티오쿠스 왕이라 불렀어.

로마 군은 아주 어렵게 노예군을 진압한 뒤, 잔인하게 처형해 본보기로 삼았다고 해.

하지만 그로부터 30년 후 아테니온과 살비우스라는 시칠리아 출신 노예가 2차 노예 전쟁(B.C. 104~102년)을 일으켜 다시 로마 사회를 긴장시켰어.

물론 이 반란도 진압되었지만 이런 사건이 계속 일어난 이유는, 시칠리아 대농장을 중심으로 노예들에 대한 가혹한 억압과 고된 노동 때문이었지.

노예를 인격체가 아닌 가축이나 물건으로 대했던 로마 인의 의식이 불러온 당연한 결과라고 할 수 있을 거야.

그 뒤 30년이 흐른 B.C. 73년 이탈리아 본토 카푸아에서 3차 노예 전쟁이 일어났어.

이번에는 이전의 1, 2차와는 달리 이들은 대농장의 노예가 아니라 검투사 노예였어.

반란의 주도자의 이름을 따서 일반적으로 '스파르타쿠스 노예 전쟁(The Spartacus Slave War)'이라고 부르는 이 전쟁은 이탈리아 전역을 뒤흔들었을 정도로 파급력이 대단했어.

검투사(劍鬪士, gladiator) 경기는 원래 에트루리아 인의 장례 의식에서 비롯되었어. 하지만 로마로 넘어 오면서 노예나 범죄자에게 무예 훈련을 시켜서 관객 앞에서 싸우게 하고 이를 보고 즐기는 놀이로 바뀌었지.

죽여라!
죽여라!
죽여라!
죽여라!
살려 줘!

사실 당시의 검투사 경기는 영화에서처럼 사람을 진짜로 죽이는 경우는 흔하지 않았어. 하지만 세월이 흐르면서 경기는 점차 잔인하게 변해 갔고, 급기야는 사형수를 공개적으로 처형하는 일종의 볼거리로 전락했다고 해.

초기에는 반란군을 점점 포위하며 압박했으나 오히려 로마 군은 뒤통수를 맞고 말았지. 스파르타쿠스는 밤을 이용해 야생 포도 넝쿨을 사다리 삼아 병력을 절벽 아래로 비밀리에 이동시켰어.

로마 군은 한밤중에 달려드는 반란군의 기습을 받아 대패하고 말았어. 로마 군을 물리친 반란군은 획득한 전리품을 공평하게 나누었는데, 이런 소식이 퍼지자 그들의 수는 더 늘어나기 시작했어.

이제 반란군은 폭도가 아닌 로마 군을 격파할 정예 군대로 탈바꿈하고 있었던 것야.

많은 이야기를 나눈 끝에 그들은 급기야 병력을 둘로 나누기로 했어.

스파르타쿠스는 병력을 이끌고 알프스를 넘어 가기로 결정했어.

그래서 갈리아, 트라키아, 게르마니아 등 자신들의 고향으로 돌아가려 했던 거지.

그에 비해 크릭수스를 중심으로 모인 노예군은 승리의 기쁨에 취해 뜻을 함께한 많은 무리를 믿고 일부는 로마로 향했고 일부는 약탈을 계속하며 이탈리아 전역으로 퍼져 나가기 시작했어.

우린 두려울 것이 없다! 살고 싶으면 물러나라!

결국 결속된 힘이 느슨해지는 순간이 온 거야. 이럴 때 패배의 그림자는 서서히 다가오는 법이지.

이제 로마 원로원은 노예들의 반란을 국가의 안정을 해치는 위태로운 사건으로 인식하고 두 명의 집정관을 동시에 출정시키기로 결정했어.

젤리우스는 로마 쪽으로 이동하는 적을!

렌툴루스는 북쪽으로 이동하는 스파르타쿠스를!

스파르타쿠스는 로마의 장군들보다 한 수 위의 지략과 전술을 가지고 있었던 거야.

카시우스를 이겼다는 소식은 알프스 너머 로마의 속주 갈리아 키살피나를 무사히 통과할 수 있다는 것을 의미하는 것으로 정말 눈부신 성과가 아닐 수 없었어.

무사통과!

이제 알프스를 넘으면 꿈에 그리던 고향으로 가는 길이 보이는 거야.

알프스만 넘으면 고향이다!

한편 두 집정관과 믿었던 카시우스의 잇단 패배로 로마 시민들은 더욱 불안에 떨었어.

급기야 원로원은 패배의 책임을 물어 두 집정관을 소환하고 속주 장관이었던 크라수스를 새로운 사령관에 임명했어.

나 말고 누가 스파르타쿠스를 잡겠는가!

* 크라수스(Marcus Licinius Crassus, B.C. 115~53)

크라수스는 마리우스의 뒤를 이어 패권을 차지했던 술라의 휘하에서 결정적 승리로 큰 공을 세운 후 신임을 받던 인물이었어.

날 믿어 봐!

술라가 죽은 후 새로운 실력자 폼페이우스가 뛰어난 실력으로 히스파니아에서 일어난 반란을 제압하는 등 원로원의 신임을 얻는 것이 마음에 걸렸던 크라수스에게 노예들이 일으킨 반란은 기회였어.

하늘이 날 버리지 않았어!

와아 와!

크라수스는 자신이 로마 공화정의 수호자가 되는 기회를 놓치고 싶지 않았어.

기회

크라수스는 자비로 군단을 편성하면서까지 원로원에 확실한 눈도장을 찍고 명예를 얻기 위해 로마를 위협하는 반란을 평정하고자 했던 거야.

한편, 알프스를 넘으려는 스파르타쿠스는 진로를 바꿔 남쪽으로 움직였어.

최종 목적지는 시칠리아 섬이었지.

앞에서 말했듯이 시칠리아는 이미 몇 차례 크고 작은 노예들의 반란이 있었고 그들이 그곳에 들어가기만 하면 반란의 불씨를 지필 수 있으리라 생각했던 거야.

그들에게 시칠리아는 지상낙원처럼 여겨졌지.

하지만 그들이 시칠리아로 가려면 먼 길을 가야 했어.

중간에 크라수스가 이끄는 로마 군도 무시할 수 없는 장애였지.

결국 그들은 이탈리아 동부의 피케눔에서 일전을 치르게 되었어. 크라수스는 휘하 장수 뭄미우스에게 1개 군단을 주며 전투를 벌이지는 말고 뒤를 쫓으라는 지시를 했어.

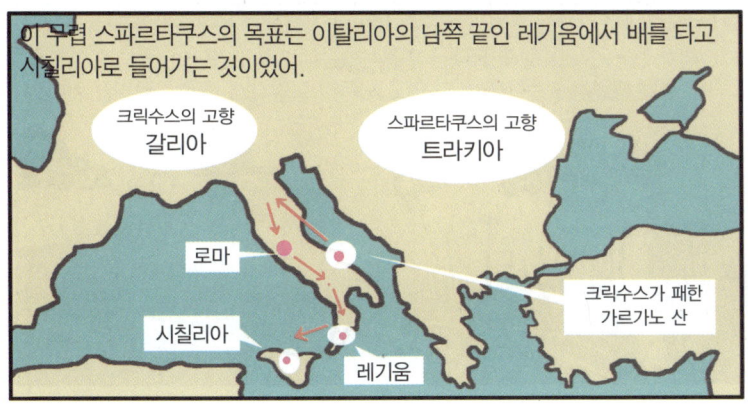

후세의 사람들은 스파르타쿠스의 드라마 같은 일생을 소설로 쓰거나 영화로 만들어 지금 내가 누리고 있는 자유와 평등이 얼마나 소중한 것인가를 전하기도 했어.

우리가 너무나 당연하게 누리는 이 자유와 평등이 얼마나 소중한 것인지 인간 스파르타쿠스가 우리에게 되묻고 있는 것 같아.

그의 투쟁은 비록 실패로 끝났지만 자유를 향한 그의 외침은 그래서 더욱 큰 소리로 들리는 것 같아.

누군가의 말처럼 세계 역사에서 가장 정의로운 전쟁을 이끈 노예 전쟁의 지도자 스파르타쿠스를 우리가 기억해야 하는 이유는, 그가 바로 자유를 꿈꾸었던 진정한 '인간'이었기 때문일 거야.

ROME TODAY NEWS

자유를 향한 외침, 스파르타쿠스를 만나다

기자

전 세계 어디라도 뉴스가 있으면 달려가는 로마 투데이 뉴스의 로베르토 베니니 기자입니다. 오늘 기자가 나와 있는 곳은 외부인의 출입이 거의 불가능한 매우 특별한 곳입니다. 바로 노예 반란군의 핵심 본부라 할 수 있는 스파르타쿠스 대장의 막사 안입니다. 오늘 결전을 앞두고 있는 스파르타쿠스와 어렵게 인터뷰를 하게 되었습니다.

스파르타쿠스

기자 양반 대단하시네요. 여기까지 오시다니! 우리는 지금 불안과 공포 그리고 죽음이라는 두렵고 무서운 상황 속에서 하루하루를 버티고 있는데……. 아무튼 우리들이 왜 칼을 들게 되었는지 있는 그대로 로마 사람들에게 잘 알려 주셔야 합니다.

기자

네. 로마 군과 지금까지 여러 차례 전투를 치르면서 여기까지 오셨는데 혹시 무섭지 않으십니까?

스파르타쿠스

3년 전 카푸아의 검투사 양성소를 탈출한 후 로마 군을 만나 싸움을 할 때 우리는 증오와 분노를 가지고 싸웠습니다. 어쩌면 그런 마음이 있었기에 최강 로마 군단과 당당하게 맞설 수 있었는지도 모릅니다. 어차피 우리는 죽음을 등 뒤에 달고 살아왔으니까요? 과거 우리는 많은 사람들의 눈요깃거리가 되어 칼과 창을 휘둘러 서로를 죽이곤 했습니다. 살기 위해서 말입니다. 그러나 우리는 지금 죽는 것이 두렵지 않아요. 솔직히 저뿐만 아니라 우리 모두는 전쟁터에서 죽는 것이 행복합니다. 왜인지 아세요? 바로 나 자신의 믿음을 위해 죽는 것이니까요. 죽음도 여러 종류가 있거든요. 안 그래요? 기자 양반! 우리는 배부른 돼지보다는 배고픈 자유인이 되고 싶단 말입니다.

기자

다른 이의 즐거움을 위해서가 아니라 자신의 신념을 위해 죽는 것이 행복하다는 말씀이 마음을 아프게 하는군요. 그런데 궁금한 것이 있습니다. 고향으로 가신다며 알프스 쪽으로 향하다가 갑자기 남쪽으로 방향을 바꾸셨는데 도대체 이유가 무엇인가요? 모두들 역사의 미스터리라고 생각하고 있거든요.

스파르타쿠스

예, 우리의 목표는 따뜻한 남쪽 시칠리아입니다. 그곳은 우리에게 자유의 땅입니다. 비인간적인 대우에 대한 저항과 자유를 향한 외침, 이것은 우리의 권리를 되찾기 위

ROME TODAY NEWS

기자
한 정당한 요구입니다. 시칠리아를 향한 우리의 발걸음이 고통스럽다는 것을 잘 알고 있습니다. 하지만 시칠리아는 우리에게 자유로운 삶을 누릴 수 있는 약속의 땅이 될 겁니다.

시칠리아는 과거 두 차례의 노예 전쟁이 있었던 반역의 땅으로 알려졌는데, 역시 그런 상징적 의미가 있었군요.

스파르타쿠스
맞습니다. 시칠리아는 로마에 대항하는 모든 사람들의 해방구이며 매우 상징적인 곳으로 우리에게는 자유와 평등의 성지가 될 것입니다.

기자
혹시, 미래의 사람들이 여러분의 이야기를 듣고 뭐라 할지 생각해 보셨나요?

스파르타쿠스
글쎄요. 기껏해야 노예들의 반란으로 기억하지 않을까요?

기자
아닙니다. 여러분을 '고대 역사를 통틀어 가장 걸출한 인물'로 '위대한 장군이자 고결한 인간'이며 고대 '프롤레타리아의 진정한 대표'라고 말하는 사람도 있고, 여러분의 이 전쟁을 '세계 역사에서 유일하게 정의로운 전쟁'이라고 말하기도 합니다.

스파르타쿠스
설마요, 정말입니까? 우리들이 소망하는 자유를 위해 싸우는 이 전쟁에 대해 미래의 후손들이 그렇게 이야기 해 준다니 힘이 더 나는데요! 결전의 날이 오면 우리 동료들의 앞에서 꼭 말할 겁니다. 지금 나의 죽음은 고통이지만 우리 모두의 죽음은 누군가에게 희망이 될 거라고 말입니다.

기자
정말 결의에 찬 목소리입니다. 스파르타쿠스를 비롯한 동료 분들의 행운을 빌며 오늘 인터뷰를 마치겠습니다. 이상 결전을 앞둔 전장에서 로마 투데이 뉴스 로베르토 베니니 기자였습니다.

〈취재 후기〉

B.C. 72년 '스파르타쿠스 전쟁'이라 명명된 노예들의 반란은 결국 로마 군의 승리로 막을 내렸습니다. 하지만 어느 누가 스파르타쿠스와 그의 동료들이 정말로 패배했다고 말할 수 있을까요? 자유로운 죽음을 위해 싸운 그들은 노예가 아니라 스스로의 삶과 죽음을 선택한 자유인이었습니다. 기억되는 사람은 죽지 않는다는 말처럼 스파르타쿠스와 그의 동료들은 수많은 세월이 흐른 후 연극, 영화, 음악, 소설, 뮤지컬 등 다양한 장르 속에서 살아남아 우리들에게 자유의 소중함을 다시 한 번 일깨워 주고 있습니다. 또한 우리는 다수의 이름 없는 사람들도 역사를 움직일 수 있다는 소중한 사실을 잊지 말아야 할 것입니다.

2장 로마의 수호자 **폼페이우스**

지금까지 살펴본 대로 마리우스와 술라를 비롯한 군인 정치가들의 국가 지배권 장악은 로마라는 거대 국가의 존속을 뒤흔드는 커다란 사건임에는 틀림없어.

이제 로마는 술라에 이어 새로운 인물들이 각축을 벌이고 있었어. 막바지로 치닫는 로마 공화정을 화려하게 수놓은 여러 사람들 중에서

준비!
1등이 로마를 먹는 거다!
난세에 영웅이 나온다!

대표 인물 두 사람을 소개할게.

나는 아니겠지?
누구?

B.C. 81년 3월 12일, 폼페이우스 마그누스는 아프리카에서 가져온 코끼리를 앞세우고 그의 첫 개선식을 성대하게 거행했고 이어서 로마의 실력자로 급부상했어. 서서히 폼페이우스의 시대가 밝아오기 시작한 거지. 이제 폼페이우스 앞에는 거칠 것이 없었어.

사실 해적 활동은 어제오늘의 일이 아니었어. 그런데 갑자기 해적들이 더욱 기승을 부리게 된 것은 왜일까? 물론 겉으로 보기에 로마가 예전보다 바다를 자주 이용하기도 했지만

그것보다 로마의 영역 밖인 소아시아를 중심으로 활동하던 해적들이 군사 집단으로 몸집을 키우고 있었기 때문이야. 이것은 로마의 세력 확장을 몹시 경계하는 폰투스의 왕 미트라다테스 6세의 물밑 지원 덕분이었지.

2장 로마의 수호자 폼페이우스

해적 토벌 총사령관에 오른 폼페이우스의 활약은 정말 눈이 부실 정도로 대단했어.

부임 첫날, 하늘 끝까지 올랐던 곡물 가격이 폼페이우스의 이름을 듣고 벌벌 떨렸던 모양인지 바로 떨어지기 시작했으니 말이야.

이어 본격적인 해적 소탕 작전에 돌입한 폼페이우스는 뛰어난 전술과 체계적인 군사 운영으로 불과 3개월 만에 지중해 전 지역의 해적을 소탕하는, 믿을 수 없는 전과를 올린 거야.

게다가 포로로 잡은 2만여 명을 소아시아와 그리스의 버려진 도시에 정착시키는 아량까지 베풀었지.

폼페이우스의 인기는 엄청나게 가파른 상승 곡선을 그리고 있었어.

로마 시민은 폼페이우스에게 열광했어.

폼페이우스는 로마의 골칫거리를 해결하는 해결사 같은 존재였어.

급기야 로마는 오랜 숙적인 폰투스의 왕 미트라다테스 6세를 제거하기 위해 폼페이우스를 소아시아 총사령관에 임명하는 마닐리아 법안을 통과시켰어.

2장 로마의 수호자 폼페이우스

미트라다테스 6세는 여러 차례 로마와 부딪혀 온 인물이야. 그는 그리스 인이 로마의 억압에서 벗어나야 한다며 세력을 확장하면서 로마에 대한 반감을 키워 나갔어.

그리스는 로마의 속주가 아니다! 싸워서 승리를 쟁취해야만 한다!

미트라다테스 6세의 주장은 설득력이 있었지만 워낙 로마의 힘이 강하다 보니 쉽지는 않았어.

로마로서도 이런 미트라다테스 6세의 행동은 용납할 수 있는 게 아니었어.

로마가 아시아 쪽으로 세력을 확장하려면 미트라다테스 6세는 반드시 넘어야 할 벽이었기에 소홀할 수도 없었고 말이야.

당시 소아시아에는 미트라다테스 6세를 격퇴하는 임무를 띠고 로쿨루스가 파견되어 승리를 목전에 두고 있는 상황이었어.

사실 로쿨루스도 적은 인원으로 폰투스와 아르메니아 연합군을 무찔러 뛰어난 전과를 올린 훌륭한 장군이야.

그런데 최후의 한 방을 날리지 못하는 상황이 지루하게 이어지면서

휘하 병사들이 진군을 거부하는 초유의 사태를 만나 사령관 직을 내놓은 거야.

아무튼 폼페이우스는 로쿨루스가 거의 끝내 놓은 전쟁에 참가해

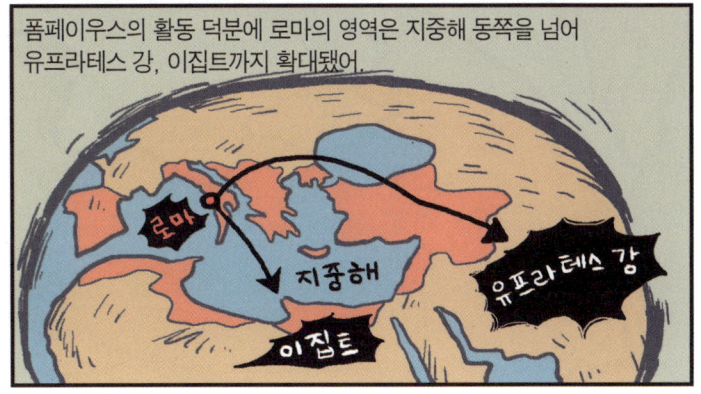

덕분에 한 번도 힘들다는 개선식을 세 번씩이나 치르는 영광을 누렸고 말이야. 처음에는 아프리카에서의 승리를, 두 번째는 유럽에서의 승리를, 세 번째는 아시아 정복을 축하하는 개선식을 거행했기에 폼페이우스는 세 대륙을 정복한 사나이라는 영예를 안게 됐지. 아마 이 시기가 폼페이우스 최고의 전성기였을 거야.

ROME TODAY NEWS

폼페이우스의 개선식(triumphus),
그 화려한 현장을 가다

아나운서

로마 시민 여러분, 안녕하십니까? 오늘은 미트라다테스 6세를 물리치고 유대 왕국과 시리아를 정복하고 귀환한 폼페이우스 마그누스의 개선식을 생중계해 드리도록 하겠습니다. 아프리카와 히스파니아에 이어 아시아까지 3개 대륙을 정복하고 로마의 영광을 실현한 사나이, 폼페이우스! 오늘 그의 영광을 함께 축하하고 로마의 위대함을 누려 보시기 바랍니다. 자세한 설명은 현재 집정관이신 발레리우스 의원께 듣도록 하겠습니다. 집정관님 안녕하세요?

발레리우스

예, 안녕하세요. 유피테르 신의 보살핌 덕분인지 오늘은 개선식을 하기에 딱 좋은 날씨네요.

아나운서

이번 행사는 로마 시가지를 통과하는 데만도 며칠이 걸릴 정도로 그 규모가 엄청나다고 하는데 이 모든 비용을 폼페이우스 장군이 부담한다고 해서 로마 시민들은 깜짝 놀랐죠?

발레리우스

그래요, 하지만 모든 일은 절차가 필요한 겁니다. 이 개선식은 6개월 전 전쟁에서 승리한 폼페이우스 장군이 원로원에 월계수 가지를 장식한 파스케스(fasces)를 보내 요청해 온 후 민회와 우리 원로원이 투표를 통해 승인을 해서 이루어지는 거예요. 하고 싶다고 아무나 하는 게 아니거든요. 흐흠…… 원로원은 아직 건재합니다.

아나운서

알겠습니다. 그런 절차가 있었군요. 말씀드리는 순간 화려한 개선식 행렬이 전쟁의 신 마르스 신전이 있는 캄푸스 마르티우스를 출발했다는 소식입니다. 그곳에 나가 있는 로베르토 베니니 기자를 불러 보겠습니다. 베니니 기자!

기자

예, 저는 개선식이 한창 진행 중인 마르스 신전에 나와 있습니다. 지상 최대의 쇼라 불리는 폼페이우스 장군의 개선식이 펼쳐지고 있는 가운데 지금은 폼페이우스 장군이 전쟁에 참여한 군단과 공을 세운 병사들의 이름을 부르며 공로를 치하하고 상금과 함께 많은 선물을 하사하고 있습니다. 아! 지금 병사 한 명이 폼페이우스 장군의 호명을 받고 뛰어 나오고 있는데…… 무슨 일일까요? 한번 살펴보겠습니다.

ROME TODAY NEWS

클라우디우스 마르켈루스! 어서 나오라. 그대의 공은 마르스 신도 감동받아 나 폼페이우스 마그누스가 대신하여 상을 내리려 한다. 클라우디우스여! 그대는 적에게 포로가 된 상황에서 용감하게 적진으로 들어가 수많은 동료의 목숨을 구했다. 병사들이여! 클라우디우스에게 로마 군의 가장 큰 영광인 떡갈나무 잎관을 내리려 한다. 허락하겠는가?

임페라토르!
임페라토르!
임페라토르!

기자

아나운서

저 병사들의 외침이 들리십니까? 개선장군을 의미하는 임페라토르를 외치는 저 힘찬 외침 소리가! 정말 엄청나다는 말밖에는 할 말이 없습니다.
월계관을 쓴 폼페이우스 장군의 잘생긴 모습이 보이시나요? 아, 그런데 장군의 뒤에 함께 타고 있는 저 사람은 누구인가요? 동료 장군은 아닌 것 같은데요.

발레리우스

예. 저 사람은 특별한 노예입니다. 개선장군에게 '메멘토 모리', 즉 인간은 언제 죽을지도 모르는 유한한 존재라는 사실을 일깨워 줌으로써 오늘 승리의 주인공인 개선장군에게 오만에 빠져 앞일을 그르치지 말라고 충고와 경고를 보내는 겁니다. 혹시나 생길 수 있는 오만함을 경계하는 로마 인의 합리적 사고 방식을 잘 볼 수 있지 않습니까?

아나운서

예, 그렇군요. 아, 이제 개선식 행렬이 점차 포룸 로마눔에 다가오는 것 같은데요. 행렬의 앞부분이 서서히 보이는군요! 시내로 들어오는 선두에는 점령한 곳에서 획득한 진기한 물건이 가득 실린 상자가 보이고, 뒤로는 포로가 된 적국의 장군이 목에 쇠사슬이 묶인 채 철창에 갇혀 구경거리가 되고 있네요.

발레리우스

아시아의 온갖 보물들에 정말 눈이 부십니다. 역시 아시아는 로마의 황금 당나귀라는 말이 맞는 것 같습니다. 그럼 저 포로는 나중에 살려 주는 겁니까?

아나운서

아닙니다. 아마 폼페이우스 장군이 행사를 마치고 포룸 로마눔에 들어가게 되면 처형하라는 명령을 내릴 겁니다. 그러고 나서 유피테르 신전이 있는 카피톨리누스 언덕으로 가서 유피테르 신에게 감사의 의식을 치르면 개선식은 끝이 나는 것이지요.

아나운서

그렇군요. 집정관님 덕분에 오늘 개선식이 더 유익했습니다. 정말 이렇게 많은 시민들이 모인 것도 참 오랜만인 것 같습니다. 로마 만세! 폼페이우스 만세! 소리가 울려 퍼지는 광장에서 개선식 중계 방송을 보내드렸습니다. 감사합니다.

3장 로마의 지성 키케로

폼페이우스가 기원전 60년대를 자신의 시대로 만들며 로마 밖에서 자신의 군사적 역량을 발휘하고 있을 때, 로마 안에서는 무슨 일이 일어나고 있었을까?

기원전 1세기는 마리우스와 술라로 대표되는 민중파(포플라레스)와 귀족파(옵티마테스)의 갈등과 투쟁의 역사라고 할 수 있어.

이제 키케로를 중심으로 로마 내부의 이야기를 해 줄게.

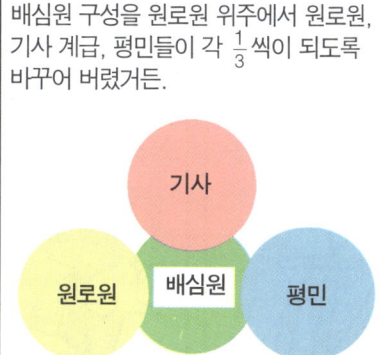

당연히 시칠리아 속주민은 열광했고 이 소식은 금세 로마 전역으로 퍼져 나갔겠지.

키케로가 부정 축재자를 몰아냈다!

로마의 떠오르는 신성, 실력 하나로 지방 출신에서 중앙 무대로 당당하게 등장한 신인, 키케로의 등장을 알리는 서곡이었던 거지.

키케로는 술라 치하에서 반체제 인사로 이름을 알리고, 그리스로 몸을 피한 후 10년 만에 이제 명실상부한 로마의 명사가 됐어.

베레스 사건 해결로 키케로는 자연스럽게 로마 정계에 입문했어.

당시 로마에서 가장 영향력 있는 인물은 크라수스와 폼페이우스였지만 키케로도 이에 못지않은 명성을 얻었지.

폼페이우스도 도움을 요청할 정도로 말이야.

이봐~ 힘 좀 써 줘!

이런 기세로 키케로는 B.C. 66년 법무관에 선출됐어.

이제 그의 목표는 귀족 출신도 아니고 집정관을 배출한 집안이 아닌 정치 신인으로서 집정관이 되는 것이었어.

새로운 역사를 만드는 거야!

그래, 이 키케로가.

로마에서 집정관이 된다는 것, 이는 요즘으로 치면 국가의 최고 책임자가 되는 것을 의미해.

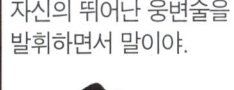

키케로는 로마에 남아 있던 카틸리나의 공모자 다섯 명을 체포했는데 거기에는 코르넬리우스 가문의 현직 법무관인 렌툴루스도 포함되어 있었어.

키케로는 현재의 상황을 원로원에 보고하고 언제 또 로마를 위협할지 모르는 위험 요소를 제거해야 한다는 주장을 펴며

원로원 최후 포고령인 '세나투스 콘술툼 울티뭄(Senatus Consultum Ultimum)'을 요청했어.

공화국의 비상사태를 선언한 키케로는 재판 절차 없이 카틸리나의 공모자들을 즉각 처형하는 과감한 행동을 취했어.

그의 이러한 주장에 대해 카이사르는 반대의 뜻을 강력하게 주장했지만 별 소용이 없었어.

그후 카틸리나는 로마의 외곽 지역에서 군대를 조직해 정규군에 맞서 싸웠으나 곧 진압됐어.

키케로는 이후 국가의 비상사태를 무사히 처리한 공로를 인정받아 '조국의 아버지(파테르 파트리아이, Pater patriae)'라는 칭호를 얻게 되었어.

아무튼 키케로는 로마의 안정을 위협하는 어떤 요인도 용납하지 않는 태도로 일관했어.

원로원의 권위와 영광을 지켜 내기 위한 키케로의 노력….

어쩌면 이때가 키케로의 최고 전성기였을지도 몰라.

이제 로마는 한 치 앞도 알 수 없는 상황으로 치닫게 되는데 그때마다 키케로의 이름이 자주 등장할 거야. 하지만 앞으로 펼쳐질 이야기의 주인공은 키케로도 폼페이우스도 아니야.

누구일까? 지금까지 우리는 로마 공화정의 기나긴 여정에서 종착역에 거의 도착했어. 이제 우리는 로마의 역사를 새롭게 쓴 이 사람을 만나게 될 거야. 바로 율리우스 카이사르야.

날 빼고 영웅을 논할 수는 없지!

3장 로마의 지성 키케로

ROME TODAY NEWS

조각상으로 알아보는 로마
로마 인의 모습

    역사책에 등장하는 로마 사람들의 모습은 어땠을까요? 실제로 그들의 모습을 볼 수는 없지만 예전에 만들어진 조각상을 통해 당시 사람들의 모습을 상상할 수는 있습니다. 지금 소개하는 조각상의 주인공들은 《로마의 탄생과 포에니 전쟁》과 이 책에 등장하는 주요 인물들입니다. 이 책에는 만화가의 그림스타일에 따라 조금 다를 수도 있을 거예요. 오른쪽의 조각상을 보고 누구의 모습인지 알아 맞혀 보세요. 옆에는 간략하게 인물의 행적과 특징을 간단하게 정리해 두었어요. 참고로 그리스 시대의 조각상을 몇 가지 소개하겠습니다. 로마 사람들과 어떤 차이점이 보이는지도 찾아보세요. 아래 세 명은 그리스의 유명한 철학자입니다.

    순서대로 하면 소크라테스, 아리스토텔레스, 플라톤으로 이들 모두 현대에까지 지대한 영향을 주고 있는 대단한 철학자라는 사실은 다 알고 있을 겁니다. 이들 얼굴의 공통점은 무엇일까요? 정답은 수염입니다. 그리스 인들은 대체로 수염을 기르고 있는데 오늘날 남아 있는 남성 조각상의 99%가 그렇습니다. 하지만 로마 남성의 조각상은 정반대입니다. 로마 인은 수염을 기르는 것을 야만적이라 생각했다고 하네요. 지중해의 아드리아 해와 이오니아 해를 사이에 두고 사람들의 생각이 이렇게 다르다는 사실! 역시 세상은 참 다양한 생각들이 공존하는 곳이네요. 그럼 다음 페이지의 조각상과 이름, 알맞은 특징에 선 긋기를 시작해 볼까요!

ROME TODAY NEWS

㉮ • 카이사르 • ⓐ 갈리아 정복자, 주사위는 던져졌다.

㉯ • 폼페이우스 • ⓑ 로마의 수호자, 조숙한 천재.

㉰ • 마리우스 • ⓒ 로마 최고의 지성, 야생콩.

㉱ • 키케로 • ⓓ 로마 경제의 큰손, 노예 반란 토벌.

㉲ • 크라수스 • ⓔ 민중파, 집정관 7번 역임.

㉳ • 술라 • ⓕ 로마로 군대 진격, 행운아.

4장 카이사르의 등장

로마를 건국한 로물루스,

눈 덮인 알프스를 넘어 로마 인에게 공포를 안겨 주었던 카르타고의 한니발,

그런 한니발의 위협으로부터 로마를 구해 낸
구국의 영웅 스키피오 아프리카누스,

로마의 개혁을 위해 노력했던
그라쿠스 형제,

힘차게 자유를 외치며 죽어 간
검투사 스파르타쿠스.

그리고 조금 전에 함께 이야기한 폼페이우스와

키케로까지.

마치 하얀 스크린 위에 펼쳐지는 한 편의 영화처럼 우리의 주인공들은 각자 자신의 역할에 최선을 다했다는 생각이 들어.

평소 자신의 책읽기를 위해 많은 돈을 쓴 카이사르는 훗날 문무를 겸비한 인물이라는 평을 들었어. 당시 로마의 지성을 대표하는 키케로마저 그의 뛰어난 웅변 솜씨를 칭찬했거든.

4장 카이사르의 등장

훗날 속주 갈리아 총독이 되어 치른 전쟁을 기록한 《갈리아 전기(戰記)》는 오늘날 라틴 문학의 정수로 꼽힐 뿐만 아니라 전투 현장과 당대 갈리아에 대한 사실적 묘사로 전쟁사적 의미로도 큰 가치가 있다고 해.

그래서 훗날 나폴레옹은 이 책에 대해 이렇게 극찬했지.

전쟁 기술을 적은 최고의 교과서!

게다가 당시 프랑스·독일·영국에 대한 믿을 수 있는 최고(最古)의 사료로 평가받고 있어.

good~

과연 그의 그런 뛰어난 말솜씨와 글솜씨가 부모에게 물려받은 천부적 재능이었을까?

유전

아니, 그건 카이사르가 평소 많은 독서와 사색으로부터 얻은 결과야!

앞에서 카이사르가 여자들에게 인기가 많았다고 했던 거 기억나지?

아마 그것도 그의 폭넓은 독서와 무관하지는 않을 거야.

여자의 마음을 사로잡는 법! 모든 진리는 책 속에!

어쩌면 카이사르는 자신의 뛰어난 말솜씨와 유머로 여자를 유혹하고 나서 사랑이 담긴 편지로 결정타를 날렸을지도 몰라.

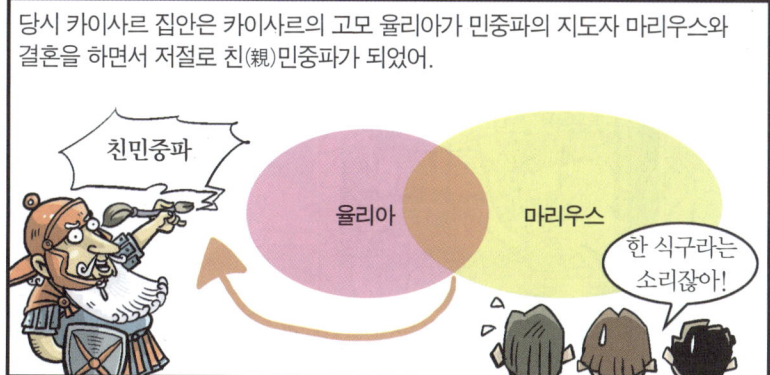

* 망명(亡命): 정치적 이유로 자기 나라에 있지 못하고 남의 나라로 몸을 피하는 것을 말함.

속주인 소아시아에서 5년을 보내면서 카이사르는 어떤 생각을 했을까?

아마 카이사르는 지중해 너머 로마를 바라보며 미래를 위한 원대한 계획을 세웠을지도 몰라.
이 카이사르를 잊지 마라! 반드시 돌아갈 테니!

아니면 자신의 현재 모습을 돌아보며 반성하는 시간을 가졌을지도 모르고 말이야.

아무튼 인내심을 가지고 때를 기다리던 카이사르가 로마로 완전히 돌아온 것은 B.C. 74년 그의 나이 26세 때였어.

물론 중간에 술라의 사망 소식을 듣고 로마로 급하게 귀국했지만 여전히 로마는 술라파가 득세한 세상이었어.

카이사르는 다시 몸을 피하게 되는데

목적지는 그리스의 로도스 섬이었어. 이번엔 망명이 아니라 유학으로 말이야.

로도스로 가던 중 해적들을 만난 일화가 리비우스의 《로마사》라는 책에 전해지는데 잠깐 소개해 줄게.

로도스로 향하던 카이사르는 에게 해의 해적들에게 잡힌 뒤 20달란트라는 몸값이 매겨졌어.
고작?
몸값을 지불해야 풀려날 수 있다!

이때 카이사르는 해적들을 바라보며 자신의 몸값을 스스로 50달란트로 올려 버렸어.
내 몸값이 이 정도는 돼야지!

공부보다는 다른 일에 신경을 더 쓴 셈이지.

이때 우리가 주의 깊게 봐야 할 게 바로 카이사르의 처세술이야.

처세술이란 사람들과 사귀며 세상을 살아가는 방법이나 수단을 말해.

카이사르는 이때만큼은 철저하게 누가 자신에게 힘이 될 수 있는 사람인지 살피면서 행동했어.

좋게 이야기하면 신중한 처신이고 나쁘게 이야기하면 계산적으로 행동한 거지.

가령, 카이사르는 B.C. 78년 술라 체제에 대항해서 일어난 레피두스의 반란에 참가하지 않았고,

B.C. 74년 자비로 군사를 모집해서 미트라다테스 지지 세력을 아시아에서 몰아내는 등 적극적인 활동을 펼쳤어.

이런 행동은 아마 로마의 귀족들에게 긍정적인 영향을 끼쳤을 거야.

로마로 돌아온 카이사르를 기다리고 있던 것은 신관직인 폰티펙스에 임명되었다는 소식이었어.

신관직에 오른다는 것은 빠른 출세 길이 열렸다는 뜻이랑 다름없었거든.

술라의 살생부에 올라 죽음의 위기에 처했던 카이사르가 이제는 오히려 그들의 추천을 받고 신관직에 오른 거야.

지금까지는 카이사르가 폼페이우스보다 조금 부족해 보일 수도 있지만

한편으로는 시대가 카이사르의 편이 아니었다고 볼 수도 있을 거야.

하지만 이런 말이 있어. "기회는 준비된 자에게 온다."

때마침 카이사르에게 자신의 존재를 알릴 수 있는 중요한 일이 생겼어.

바로 고모 율리아의 죽음이었어.

카이사르의 고모인 율리아는 앞에서 언급했던 것처럼 평민파의 지도자 마리우스의 아내였어.

카이사르는 이때 고인의 장례식장에서 매우 대담한 행동을 해.

로마에서는 장례식에서 추모 연설을 하는 게 관례였어. 지위가 높을수록 그런 의식을 더 중시했지.

아무튼 그는 아직 술라의 지지자들이 막강한 힘을 휘두르고 있었음에도 불구하고 마리우스의 초상을 걸고 고인에 대한 추모사를 한 거야.

이는 민중파의 재건을 위해 노력하자는 무언의 압력이면서

동시에 자신이 그 중심에 서겠다는 일종의 퍼포먼스였지.

아마 그 자리에 있던 사람들은 불안한 마음에 숨을 죽이고 마리우스의 초상과 카이사르의 얼굴을 번갈아 바라보았을 거야.

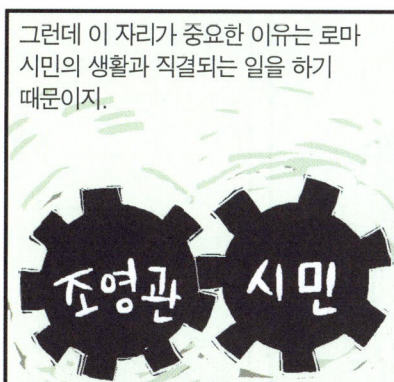
그런데 이 자리가 중요한 이유는 로마 시민의 생활과 직결되는 일을 하기 때문이지.

로마에서 높은 자리의 정치인이 되기 위해서는 유권자인 시민들의 마음을 얻어야 가능했기에

자신의 이름을 걸고 재미있고 인상적인 볼거리를 제공한다면 나중에 선거에서 유리할 수 있다는 거야.

미래를 위한 투자로 말이지. 물론 그렇게 하기 위해서는 엄청난 돈이 필요했을 거야.

카이사르는 크라수스를 자신의 돈줄로 삼아 아피아 가도를 정비하고 신전 같은 공공건물 등의 개·보수를 비롯해

대대적 토목 공사를 벌이기도 했고,

엄청난 규모의 검투사 경기를 열어 사람들을 열광하게 만들었어.

카이사르가 주최한 검투사 경기는 무척 화려하고 볼거리가 넘쳐 로마 시민의 절반 이상이 구경했을 정도였대.

돈을 쓸 때는 확실하게 쓴다는 것이 그의 생각이었던 것 같아.

당연히 카이사르의 빚은 엄청나게 늘어났을 거야.

이외에도 카이사르는 가끔 다른 사람을 놀라게 하는 행동을 했어.

그중에서도 예전에 술라가 로마의 공적(公敵)이라 규정하고 파괴한 마리우스의 조각상을 복구한 일은

카이사르가 민중파 지도자로서의 위치를 확고하게 각인시키는 사건이었어.

카이사르가 아직 정치인으로서 그리 높은 위치는 아니었지만

그가 보여 준 여러 가지 행동은 평민들의 마음속에 '카이사르는 곧 민중파 지도자'라는 생각을 강하게 남겼지.

이후 카이사르가 도전한 자리는 로마 종교의 최고 지도자인 최고 신관, 즉 폰티펙스 막시무스라는 자리였어.

주로 집정관 등 고위직을 지낸 정치 원로들이 출마하는 자리인데

경력도 미비한 37세의 카이사르가 과감하게 도전장을 내민 거야.

도전하는 자는 아름답다!

아마 주변에서도 깜짝 놀랐을 거야.

너같은 피라미가 나설 곳이 아니야!

막강한 경력의 명문 귀족 출신 사이에서 젊은 카이사르의 도전은 무모해 보였을 수도.

어쭈, 요거 한 주먹도 안 되는 게….

더군다나 아직은 술라파의 영향력을 무시할 수 없는 상황이었거든. 만약 카이사르가 최고 신관에 선출되지 못한다면 어쩌면 로마를 떠나야 하는 지경에 이를지도 모르고 말이야.

실패하면 또 떠나야 된다!

저 녀석 모든 걸 다 걸었어.

ROME TODAY NEWS

관직으로 알아보는 로마
카이사르는 조영관, 법무관을 맡아 무슨 일을 했을까?

로물루스가 로마를 건국할 때 왕을 중심으로 민회와 원로원을 두 축으로 하는 정치 제도를 만들었다는 이야기는 《로마의 탄생과 포에니 전쟁》에서 잠깐 언급한 적이 있습니다. 물론 B.C. 509년 왕정이 공화정으로 바뀌면서 왕 대신 집정관이 로마를 이끌며 발전을 해왔다는 것과 여러 관직을 조직해서 다양한 임무를 수행했다는 사실도 물론 기억하고 있겠죠? 카이사르가 신관부터 시작해서 조영관, 감찰관 등 여러 관직을 거치며 나름대로 미래를 준비했다고 하는데 과연 그는 무슨 일을 한 것일까요? 지금부터 카이사르가 역임했던 여러 관직들의 특징과 함께 로마 사회의 모습도 알아봅시다.

우선 쿠르수스 호노룸(cursus honorum)이란 단어부터 설명할게요. 이 말은 '명예로운 경로 또는 관직의 단계'라고 해석하는데 이것은 로마에서 공직의 순서나 과정을 일컫는 말이에요. 로마인은 이 일련의 과정을 차례로 밟고 올라가는 것을 명예롭게 여겼다고 하는데 최종 단계인 원로원 의원이 되기까지 쿠르수스 호노룸은 존중되었다고 합니다.
로마의 관직은 재무관, 조영관, 법무관, 집정관, 감찰관 순서로 올라가는데 당연히 누가 어떤 직을 맡느냐에 따라 그 성격이 달라졌을 거예요.

첫 번째 단계는 재무관(Quaestor, 콰이스트로)입니다. 주로 시 당국이나 군단의 재무와 회계와 관련된 일을 담당했어요. 요즘 말로 하면 총무 정도에 해당하는데 하는 일은 굉장히 많았습니다. 군사들의 임금 지급에서 보급품 대금 지급, 전리품 분배까지……. 게다가 전쟁터에서 사령관의 보좌까지 맡았죠. 아무래도 돈을 만지는 일이니 만큼 까다롭게 일 처리를 해야겠죠?

두 번째 단계는 조영관(Aedile, 아이딜리스)입니다. 조영관은 안찰관이라는 이름으로 불리기도 했는데 로마의 상수도, 식량 문제 등을 관장하고 공공 사무를 감독하는 등 주로 도시의 보호와 관리를 하는 일을 수행했는데 훗날 경찰로 활동하기도 했어요. 조영관의 역할 중 중요한 것 중

ROME TODAY NEWS

하나가 축제의 기획과 책임인데 이는 시민들에게 이름을 알려 나중에 고위직으로 올라가는 데 있어 중요한 부분을 차지했습니다. 깊은 인상을 주기 위해서는 엄청난 돈이 필요했을 텐데 카이사르가 빚더미에 오를 수밖에 없었던 이유를 짐작하겠죠?

세 번째 단계는 법무관(Praetor, 프라이토르)입니다. '法'이라는 글자가 들어간 만큼 오늘날로 치면 대법관에 해당한다고 보면 될 거예요. 40세 이상의 로마 시민으로서 법무관은 주로 재판과 관련한 업무를 담당했고 이 업무를 마치면 전직 법무관 즉 프로프라이토르(propraetor) 자격으로 속주 총독으로 파견되고 자동으로 군단의 지휘권이 부여되었습니다. 카이사르는 전직 법무관 자격으로 지금의 스페인에 해당하는 속주 히스파니아의 총독으로 나가게 되면서 제2의 도약을 하게 되지요.

네 번째 단계는 집정관(Consul, 콘술)인데 로마에서 최고로 영예로운 관직이라 할 수 있습니다. 국정의 운영과 로마 군의 지휘라는 두 임무를 수행했는데 점차 국정 운영에 주력하게 되었어요. 또 집정관을 마치면 법무관과 마찬가지로 전직 집정관(proconsul)의 자격으로 속주 총독으로 부임했으며 마찬가지로 군단의 지휘권을 가졌습니다.

산마리노 국기

로마 초기에는 귀족들이 맡았지만 B.C. 367년 리키니우스-섹스티우스 법에 의해 2명의 집정관 중 1명을 평민 중에서 뽑게 되었습니다. 로마의 신분 투쟁 역사에서 매우 중요한 사건으로 기록되고 있으니 잘 기억해 두세요. 참, 오늘날에도 집정관이 이끄는 나라가 있습니다. 대통령도, 황제도 아닌 집정관이 존재하는 나라는 바로 이탈리아 영토 안에 존재하는 작은 나라 산마리노(San Marino)입니다.

마지막 단계는 감찰관(Censor, 켄소르)입니다. 감찰관은 관직의 맨 위의 자리로 집정관을 마쳐야 임명되며 가장 명망 있는 정치인이 임명되던 그런 자리였어요. 로마의 각종 행정적 결정, 식민지의 세금, 예산 편성 등에 있어 막강한 힘을 발휘했으며 또한 유권자들의 명단 작성, 관리, 인구 조사를 책임지기도 했어요. 오늘날 인구 조사에 해당하는 센서스(census)라는 단어가 바로 여기에서 유래했으니 그 영향력이 참 컸다는 것을 잘 알겠지요. 참, 원로원 의원 중 도덕적으로 매우 부적합한 자의 관직 박탈권도 가지고 있어서 우리로 치면 암행어사의 기능도 수행하기도 했다는 것도 기억하세요!

5장 카이사르의 선택, 삼두 정치

머리가 셋이야!

히스파니아에서 카이사르는 정복지의 부족들을 무자비하게 공격하고 약탈해 엄청난 전리품을 챙겨 자신의 부를 축적하는 것도 잊지 않았어.

다 필요할 때 쓰려고 모으는 거야. 내 개인적인 욕심이 아냐!

대부분 속주 총독이 그랬던 것처럼 카이사르도 이를 바탕으로 재산을 늘리고 빚을 갚았다고 해.

이 정도면 빚은 갚겠군!

속주 총독이라는 자리가 맘만 먹으면 재물을 모을 수 있는 자리라는 것을 알 수 있겠지?

몽테스키외는 카이사르의 이런 면을 다음과 같이 지적했어.

결점이 전혀 없었던 것은 아니며, 악덕과 무관하지도 않았다.

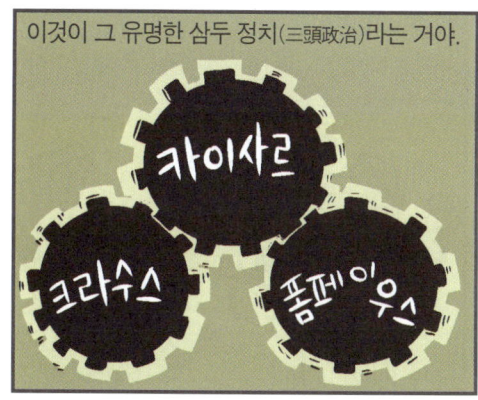

이것이 그 유명한 삼두 정치(三頭政治)라는 거야.

잠깐 옆길로 새서 이야기 하나 할까? 삼(三)은 동서양을 막론하고 가장 신성시하고 안정적인 관계를 의미하는 숫자로 대립과 갈등을 극복하는 통합을 뜻했어.

고대 그리스나 이집트 그리고 중국의 신화를 살펴보면 숫자 삼(三)이 자주 등장하는 것을 알 수 있어.

예를 들면 한자에는 다리가 세 개 달린 솥을 의미하는 정(鼎)이라는 글자가 있어.

이것은 왕위(王位)를 상징하고 존귀하다는 의미까지 담고 있지.

기독교의 삼위일체(三位一體), 도교의 천지인(天地人), 불교의 삼보(三寶) 등을 보면 공통적으로 숫자 삼(三)이 들어 있거든.

모두 숫자 '3'의 의미를 알려 주는 예로 볼 수 있겠지.

재미있는 사실은 이러한 방식의 연합을 이탈리아의 유명한 갱 조직인 '마피아'가 아직까지 고수하고 있다는 거야.

* 삼보(三寶): 부처, 부처의 가르침, 승려.

사실 삼두의 일원이 된 두 사람, 즉 폼페이우스와 크라수스는 물과 기름의 관계였다고 해.

그 둘이 서로를 얼마나 증오하고 시기하는지 로마 사람이라면 모르는 사람이 없을 정도였으니까 말이야.

카이사르는 이렇게 제안했어. '폼페이우스는 병사들의 표를 이용해 카이사르의 집정관 선출을 돕는 대신 카이사르는 이후에 폼페이우스가 원하는 법안을 통과시켜 준다.'고 말이야.

카이사르는 아마 크라수스의 이권과 깊은 관계가 있는 아시아에서의 큰 영향력이나 세금 감면 등에 대한 유리한 제의를 했을 것이고

크라수스는 손해 볼 것이 없다고 생각해 수락하지 않았을까?

아무튼 이 세 사람의 연합은 한마디로 표현하면 '누이 좋고 매부 좋고'의 관계라는 거지.

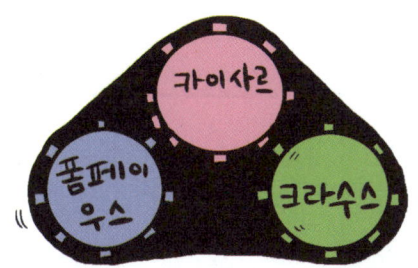

물론 세 사람 중 카이사르가 폼페이우스와 크라수스 사이에서 조정자 역할을 담당했는데, 사실 셋 중 가장 큰 혜택을 누린 건 카이사르였어.

카이사르가 원했던 것은 현재의 이익이 아닌 좀 더 미래의 것, 속주의 총독 자리와 군대 지휘권이었거든.

마치 세 사람이 한자리에 있지만 서로 다른 꿈을 꾸는 동상이몽이라고나 할까?

그러나 그들의 이러한 관계를 부정적으로 보았던 당대인들은 '머리 셋 달린 괴물'이라며 비판했어. 이들을 그리스 신화에 나오는 저승을 지키는 문지기 개 '케르베로스(Cerberos)'에 비유한 거지.

아무튼 카이사르는 크라수스의 경제력과 정치적 배경, 폼페이우스의 대중적 인기와 군사력을 더한 막강한 힘을 앞세워 자신의 목적을 결국 성취한 거지.

B.C. 59년 1월, 마침내 삼두정의 협력으로 집정관에 선출된 카이사르는 과연 마음속에 무엇을 품고 있었을까?

아마 카이사르는 오랜 시간 로마의 정치 체제에 대한 고민과 최근 일어난 사건들을 중심으로 로마의 변화를 구상했을 거야.

로마가 원로원이라는 소수의 귀족들을 중심으로 운영되기에는 이미 너무나 커 버렸다는 결론을 내린 거지.

한마디로 카이사르의 머릿속에선 로마에 새로운 정치 시스템이 필요하다는 결론이 내려졌고,

그 과정에 삼두정을 고안해 실행에 옮긴 것으로 볼 수 있을 거야.

아무튼 이제 삼두정은 이전보다 더 큰 힘을 발휘하면서

집정관에 물러난 카이사르에게 날개를 달아 줬어.

카이사르는 전임 집정관 자격으로, 임기 5년의 갈리아 키살피나와 일리리아 지역의 총독으로 임명됐어.

* 키살피나: 지금의 이탈리아 북부 지역, 일리리아-지금의 슬로베니아와 크로아티아 지역

그리고 나중에 공석이 된 갈리아 트란살피나 (지금의 프랑스 남부)의 총독까지 함께 맡았지.

속주 총독 5년의 임기에 4개 군단의 지휘권, 카이사르가 가진 권한은 로마 역사상 유례가 없었던 획기적인 일이었어.

삼두정이 만들어 낸 카이사르의 영향력은 로마를 넘어 이제는 속주에까지 미치기 시작한 거야.

ROME TODAY NEWS

카이사르, 삼두 정치로 돌파구를 찾다!

뉴스가 있는 곳에 우리가 있다. 로마 투데이 뉴스의 로베르토 베니니 기자입니다. 로마 시민 여러분 안녕하십니까? 오늘은 로마 정계를 발칵 뒤집은 사건, 즉 이른바 '삼두정'의 주인공인 현 집정관 카이사르 씨를 만나 볼 예정입니다. 원로원의 강력한 견제를 삼두정이라는 정치 연합으로 정면 돌파한 카이사르에게 로마의 현실과 앞으로의 과제에 대해 심도 있는 질문을 던져 보고 여러분의 궁금증을 해결해 드리도록 하겠습니다.

기자 안녕하세요? 카이사르 집정관 님, 히스파니아에서 돌아온 후 원로원의 집중 견제를 받는다는 소식이 있었는데 며칠 전 아주 큰 뉴스를 터뜨리셨더군요! 로마의 실세인 폼페이우스와 크라수스와의 정치 연합이라……. 그걸 '삼두정'이라 부르던데, 정말 대단하십니다.

카이사르 사실 어려운 결단이었습니다. 원로원은 몇 해 전 제가 하려 했던 명예로운 개선식은 물론 집정관 출마 선거 운동을 알게 모르게 방해했습니다. 아마 키케로와 카토는 저 때문에 배가 아팠을 겁니다. 그들은 로마 안에서 큰소리나 치는 그런 작자들입니다. 전쟁터에서 목숨 걸고 싸워 본 적이 없는 그저 입만 살아 있는 사람들이지요.

기자 듣고 보니 원로원과는 거의 원수지간으로 보입니다. 그럼 원로원의 견제를 뚫기 위한 정치 연합이라는 말씀이신가요?

카이사르 정확하게 보셨습니다. 폼페이우스와 크라수스. 쉽지는 않았지만 이들과 마음을 열고 대화를 나누다 보니 서로의 모자란 점을 알게 되었습니다. '누이 좋고 매부 좋고'라는 속담처럼 우리는 서로의 가려운 부분을 긁어 주는 정치적 동지가 된 것이지요.

기자 항간에서는 세 사람의 연합을 머리 셋 달린 괴물이라며 손가락질을 한다고 하던데, 그런 소리를 들으시면 기분이 어떠세요?

카이사르 괴물이라고요? 하하하. 그건 정치를 모르는 사람들 이야기입니다. 기자 양반, 정치가 뭐라고 생각하시나요? 저는 정치는 살아 있는 생물이라고 생각합니다. 서로가

ROME TODAY NEWS

생각이 비슷하면 언제든지 같은 지붕 아래 모일 수 있는 것이 바로 정치입니다. 보세요. 우리 폼 서방의 경우 제대하는 병사들에게 땅도 나누어줘야 하는데 원로원이 뭉그적거리며 결정을 미루니 얼마나 답답했겠어요? 크라수스도 그래요. 가진 사람이 더 무섭다고 그 로마의 갑부가 아시아에서 들어오는 이권의 독점과 세금 얘기를 했더니 환장하고 덤비더라고요!

기자

그래요? 두 사람 모두가 뭔가 바라는 것이 있었다는 것이군요? 폼페이우스와 크라수스는 거의 얼굴도 안 보는 사이라고 하던데, 이익을 위해서라면 과감하게 손을 잡는 게 정치라는 말씀이 인상적입니다.

카이사르

그렇지요! 기자 양반이 좀 현실을 좀 아시는군요. 사실 나는 로마에서 할 일이 참 많아요. 처음 하는 얘기지만 현재 로마의 정치 시스템은 뭔가 변화가 필요해요. 지금의 로마는 지중해 영역 저 너머로 계속 확장되어 대제국이 될 겁니다. 그런데 점점 커 가는 로마의 힘을 원로원이 감당하기에는 한계가 있다 이겁니다. 이런 상황 속에서 삼두정은 저의 원대한 정치 구상을 완성하기 위한 첫 단계일 뿐입니다. 저는 지금의 로마를 개혁하고 새로운 로마 건설에 이 한 몸 바칠 것입니다.

기자

그렇군요. 이제 얼마 후면 5년 임기의 4개 군단에 대한 지휘권을 가진 속주 갈리아 총독으로 가신다고 하던데요. 이것도 그 원대한 계획 중 하나인가요?

카이사르

하하하. 물론입니다. 히스파니아에 이어 갈리아는 미지의 땅입니다. 갈리아에 엄청난 금광이 있다고 하는데, 저는 별 관심은 없어요. 오직 로마의 영광을 위해 정복하러 가는 겁니다. 열심히 하다 보면 금광도 지나가게 되겠지만!

기자

알겠습니다. 로마에서 일어나는 거의 대부분의 결정들이 삼두정을 통해 이루어진다고 하던데 맞는 말 같습니다. 원로원은 거의 허수아비가 되어 가고 있고요. 아무튼 공화국의 미래는 점점 혼란 속으로 빠져들 것 같다는 예감이 자꾸 드는군요. 오늘 말씀 잘 들었습니다. 지금까지 삼두정의 핵심 브레인, 카이사르 집정관과의 인터뷰를 담당한 로마 투데이 뉴스의 로베르토 베니니 기자였습니다.

6장 갈리아 정복자 **카이사르**

그러면 카이사르는 왜 갈리아 지역을 선택했을까?

갈리아!

뭐야! 동쪽은 이미 저놈 세상인 거야?

이봐~ 여긴 이미 내가 접수했으니 다른 곳을 알아 봐!

특히 호민관으로 선출한 클로디우스 풀케르는 카이사르와 묘한 인연이 있는 인물이었어.

그는 3년 전 카이사르의 아내와 부적절한 관계를 맺어 결국 카이사르는 아내와 이혼했거든.

그런데 그런 사람을 자신의 최측근인 호민관으로 선택한 거야.

어찌 보면 카이사르는 정치적으로 매우 냉정한 사람이 아닌가 하는 생각이 들어.

우리 상식으로는 이해가 잘 안 되지만 말이야.

그런데 여기에는 다른 사람은 모르는 거래가 있었어.

삼두정은 귀족 출신의 클로디우스를 평민만이 오를 수 있는 호민관에 임명될 수 있도록 묵인해 주는 대신

클로디우스는 원로원의 대표 공격수인 키케로를

제거해 주는 것이지.

이런 상황 속에서 원로원은 삼두정이 휘두르는 막강한 힘을 그저 무기력하게 바라볼 수밖에 없었어.

삼두정의 힘은 정말 무서울 정도였어.

B.C. 58년, 이렇게 로마에서의 안정적인 자리를 확보해 놓은 카이사르는 속주 총독 자격으로 갈리아에 부임했어.

카이사르는 갈리아 지역의 상황과 특징을 수집하기 시작했지.

그가 지은 《갈리아 전기》에는 당시 갈리아 인에 대한 많은 정보-의식주, 풍습, 사고 방식 등-가 자세하게 기록되어 있어.

물론 주요 내용은 카이사르가 갈리아에서 치른 장장 8년 동안(B.C. 58~B.C. 51)의 기나긴 전쟁 이야기야. 《갈리아 전기》는 오늘날까지도 이탈리아의 학교에서 라틴 어 교재로 사용될 만큼 최고의 문장이라고 평가받고 있지.

먼저 갈리아의 상황부터 살펴보면, 당시 알프스 산맥 북쪽의 갈리아 인(그리스 어로 켈트 인)은 아직 국가를 이루지 못하고 수많은 부족 단위로 생활하던 상태였어. B.C. 390년 로마를 함락시키고 약탈과 방화로 로마 인에게 수치를 안겨 주었던 그들이었기에 로마로서도 만만하게 볼 상대는 아니었어.

라인 강을 건너온 아리오비스튜스는 유리한 지형 조건과 15만 병사의 수적인 우세를 믿고 로마 군을 만만하게 봤어.

어때 무섭지!

항복하면 목숨만은 살려 주마!

로마 군도 식량을 비롯한 보급품을 준비하며 게르만 군의 공격에 대비했어. 그런데 로마 군 내부에서 생각하지 않았던 문제가 발생했어. 바로 게르만 군에 대한 막연한 공포감이었지.

저 녀석들 직접 보니 정말 위협적이다!

덩치도 우리 두 배야!

우리가 이길 수 있을까?

큰 키에 험악한 인상, 거기에 무리를 다루는 능숙한 솜씨 그리고 잔인한 성격 등 게르만 족에 대한 소문이 로마 군 내부에 퍼져 소위 패닉(panic) 상태로 만들어 버린 거야.

카이사르는 이런 병사들에게 특유의 말솜씨를 발휘해 사기를 북돋웠어.

그들은 괴물이 아니다. 우리는 헬베티 족과 싸워 이겼다!

우리는 이 전쟁에서 승리자가 될 것이다. 나는 우리 로마 군을 믿는다.

6장 갈리아 정복자 카이사르

갈리아 지역의 정복 작업은 해를 넘기면서 이제 갈리아 전역으로 퍼지며 순조롭게 진행되고 있었어.

그 후에도 벨가이 족 등 갈리아의 여러 부족을 공격해 승리를 거둔 카이사르는 승전보를 서둘러 로마로 보고했어.

로마의 시민과 민회는 카이사르의 승리에 대해 많은 열광과 지지를 보냈지만 원로원은 그렇지 않았어.

속주 총독은 군사 작전에 대한 허가와 군단의 편성 등을 미리 보고하고 승인을 받아야 했는데 카이사르가 이를 무시했기 때문이지.

"카이사르 그대만의 로마가 아니오!"

원로원은 이를 원로원에 대한 강력한 도전으로 여긴 거야.

더군다나 갈리아 전쟁은 카이사르의 재산을 늘리기 위해 비롯되었다는 소문,

특히 갈리아의 금광을 노리고 카이사르가 전쟁을 일으킨 것이 아니냐는 이야기가 로마 사람들 사이에 퍼졌거든.

확인할 수는 없지만 원로원이 나서서 카이사르를 로마로 소환하려는 시도까지 했었다는군!

게다가 원로원이 폼페이우스에게 은밀하게 다가가 삼두정을 와해시키려는 노력을 기울이는 상황에 이르자,

"왜 카이사르 뒤를 봐 줘?"
"그만 아니면 최고가 될 수 있는데!"

6장 갈리아 정복자 카이사르

이렇게 진행된 루카 회담의 핵심은 '폼페이우스는 히스파니아 전 지역,

크라수스는 동방의 시리아 속주 총독으로 임명하며,

카이사르는 갈리아 총사령관의 자리를 5년 보장, 10개 군단을 편성할 수 있도록 결정한다.'로 정했어.

순전히 자신들의 이해득실을 따져 정한 거지.

이제 세 사람은 명실상부한 로마의 정치와 군사력을 손에 쥐고 예전보다 더 강한 영향력을 휘두르게 된 거야.

냉정하게 말하면 로마 공화정은 삼두 정치의 시작부터 이미 숨이 끊어져 가고 있었던 거지.

루카 회담을 무사히 마친 후 갈리아로 돌아온 카이사르는 갈리아 정복에 박차를 가했어.

이때 카이사르는 대서양 연안의 베네티 족을 정복하고 또다시 라인 강을 건너 온 게르만 족과 전쟁을 시작했어

게르만 족과의 전투는 늘 그렇듯이 힘겨웠어. 하지만 카이사르는 신속하고 무자비한 공격을 퍼부었고

결국 43만에 이르는 게르만 족을 물리치며 승리를 거뒀지. 실로 엄청난 살육전이었어.

그 후 카이사르는 갈리아를 지원한 배후로 지금의 영국인 '브리타니아'를 지목하면서 과감하게 도버 해협을 건너는 일을 감행해. 카이사르의 브리타니아 상륙을 두고 훗날 처칠은 대영 제국 역사의 시작이라는 평가를 내리기도 했어.

오늘 우리는 도버 해협을 건넌다!

사실 다른 나라가 쳐들어온 것을 역사의 시작이라고 말하는 것도 좀 웃기는 한데 이는 그만큼 브리타니아가 미지의 땅이었다는 뜻이겠지.

아무튼 카이사르는 브리타니아 원정을 통해 알게 된 종교, 풍습, 생활 모습 등 아주 세세한 조사 내용을 《갈리아 전기》에 기록했어.

크라수스가 너무 욕심을 부린 거지.

게다가 파르티아는 로마와 평화적 관계를 유지하고 있었기에 원로원의 도움을 받지 못했어.

도움이 안 돼. 저 원로는…

기세 좋게 출정한 크라수스는 처음에는 승기를 잡는 듯했지만 사막이라는 낯선 환경과 파르티아의 치고 빠지는 게릴라 전법에 고전을 면치 못했어.

원래 파르티아는 페르시아 문명의 후계자를 자칭하는 절대왕정 국가로 예로부터 궁기병(弓騎兵, 활을 쏘는 기병대)의 위력이 대단했어.

로마 군은 파르티아의 빠른 기동력과 적장 '수레나스'에게 끌려다니다가 결국 후퇴해야 했어.

이 와중에 크라수스는 아들 푸블리우스가 사망하는 아픔을 겪었지.

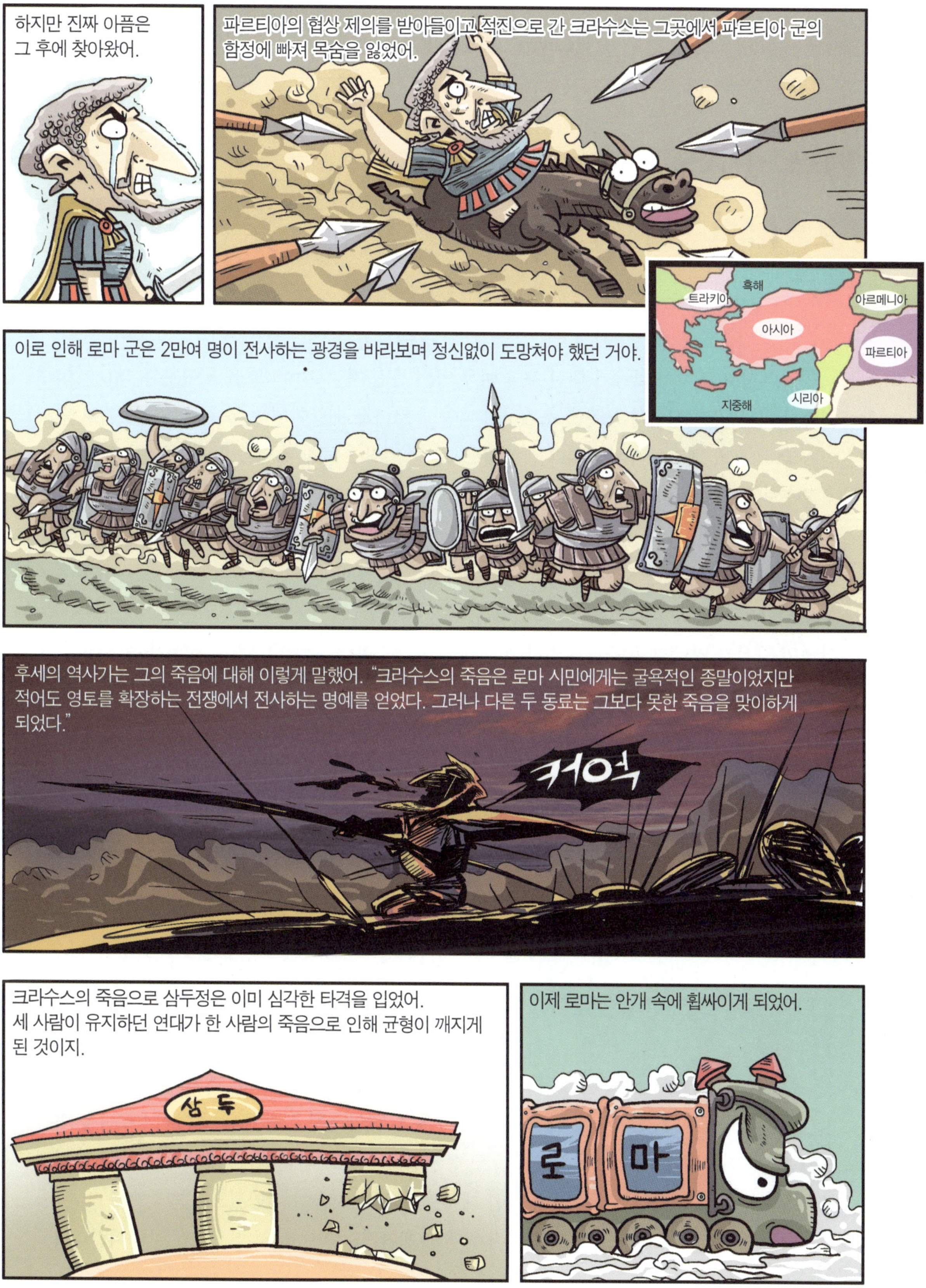

하지만 진짜 아픔은 그 후에 찾아왔어.

파르티아의 협상 제의를 받아들이고 적진으로 간 크라수스는 그곳에서 파르티아 군의 함정에 빠져 목숨을 잃었어.

이로 인해 로마 군은 2만여 명이 전사하는 광경을 바라보며 정신없이 도망쳐야 했던 거야.

후세의 역사가는 그의 죽음에 대해 이렇게 말했어. "크라수스의 죽음은 로마 시민에게는 굴욕적인 종말이었지만 적어도 영토를 확장하는 전쟁에서 전사하는 명예를 얻었다. 그러나 다른 두 동료는 그보다 못한 죽음을 맞이하게 되었다."

크라수스의 죽음으로 삼두정은 이미 심각한 타격을 입었어. 세 사람이 유지하던 연대가 한 사람의 죽음으로 인해 균형이 깨지게 된 것이지.

이제 로마는 안개 속에 휩싸이게 되었어.

ROME TODAY NEWS

명소로 알아보는 로마의 모습
로마에 가면 꼭 들러야 할 곳

오늘은 딱딱한 정치 이야기 대신 조금 여유 있는 특집 기사로 여러분을 찾아가는 시간을 마련했습니다. 로마의 아름다운 곳을 소개하고 나중에 로마로 배낭여행을 올 독자들에게 정보를 드리기 위해 특별 제작한 코너입니다. 수많은 명소 중 가장 소중한 추억을 담을 수 있는 로마의 명소를 골라 보았습니다. 그럼 지금부터 로마 여행을 시작해 볼까요!

제일 먼저 가 볼 곳은 포로 로마노(포룸 로마눔)입니다. 고대 로마의 정치와 종교 그리고 상업의 중심지 역할을 했던 광장입니다. 이곳에 오시면 로마 최고의 정치 기관이었던 원로원, 키케로와 안토니우스가 연설을 했다는 로스트리뿐 아니라 로마의 건국자 로물루스의 무덤이라고 알려진 라피스 니제르, 성 베드로가 갇혔던 마메르띠노 감옥, 포로 로마노에서 가장 아름답다고 꼽히는 베스타 신전까지, 옛 로마의 흔적들로 가득하지요.

포로 로마노   출처 《위키 백과》

영화 《로마의 휴일》의 한 장면

다음에 갈 곳은 꼭 친구와 함께 가야 하는 곳입니다. 혼자 가면 쓸쓸함이 느껴지는 이곳 바로 스페인 광장이에요. 영화 《로마의 휴일》에서 여주인공 '오드리 헵번'이 미용실에서 머리를 짧게 자른 후 편안하게 계단에 앉아 아이스크림을 먹는 장면으로 유명한 곳이기도 합니다. 17세기 무렵 광장 근처에 스페인 대사관이 있어 이름이 지어졌으며 밤낮으로 많은 사람들이 광장과 계단에서 편안한 시간을 보내는 곳이랍니다.

ROME TODAY NEWS

성 베드로 대성전

　세 번째 장소는 로마의 성 베드로 대성전입니다. 이곳은 바티칸 시국 남동쪽에 있는 대성전을 말하는데 그리스도교 세계의 모든 교회 가운데 가장 거대한 교회로 유일무이한 위치를 차지하고 있다고 합니다. 로마 가톨릭 교회의 전승에 따르면, 서기 90년에 성 베드로의 무덤 위에 대성전을 건립했다고 하는데 그 종교성과 역사성, 예술성 때문에 세계적인 순례 장소로 유명합니다. 꼭 종교적 의미의 방문이 아니더라도 이곳에 가면 미켈란젤로의 손길도 느껴볼 수 있으니 필수 방문 코스로 적어 두시기를……

　다음에 찾아갈 곳은 콜로세움입니다. 정식 이름은 '플리비우스 원형경기장'으로 로마를 찾는 사람들이 첫 손에 뽑는 유적입니다. 이곳을 직접 방문하면 5만 명을 수용할 수 있는 규모와 80개의 아치문의 위용에 저절로 감탄하게 될 겁니다. 로마를 무대로 펼쳐지는 영화에 단골로 나오는 이곳은 영화 〈글래디에이터〉의 촬영으로 더 유명해졌습니다. 로마 인들은 놀이에 대한 아이디어가 넘쳐 흘렀던 사람들이라는 생각이 듭니다. 그리고 참고로 이곳에 오시면 주변을 서성이는 검투사 복장을 한 근육질 남자들이 있거든요. 조심하세요. 함께 사진을 찍으면 터무니없는 요금으로 여러분을 기절시킬 수 있으니까요!

콜로세움　　　　　　　　　　　　　　　　　　　　　　　　　　출처 〈위키 백과〉

　더 많은 곳을 알려 드리고 싶지만 지면상 오늘은 여기까지 하겠습니다. 로마는 길거리, 골목, 광장 모두가 유적지입니다. 로마를 찾는 사람들의 표정, 발걸음, 웃음소리 하나하나에 역사의 흔적을 발견하는 재미가 있습니다. 로마는 여러분을 환영합니다. 빨리 오세요!

7장 카이사르 대 베르킨게토릭스

크라수스의 죽음 뒤 원로원은 이런 상황을 그냥 두고 보지는 않았어.

폼페이우스와 카이사르의 관계만 정리된다면 다시 원로원이 로마 정치의 중심이 될 거라 생각한 거지.

원로원은 폼페이우스를 1인 집정관으로 선출했는데

이 법안에 대해서는 카토나 비블루스 같은 정적들도 흔쾌하게 찬성표를 던졌어.

원로원이 삼두정의 붕괴와 로마 사회의 혼란을 해결할 인물로 폼페이우스를 선택한 것에 대해

특히 기병들 간의 충돌은 손에 땀을 쥐게 할 정도로 막상막하였어. 하지만 시간이 지나면서 싸움은 점차 로마 군이 유리한 방향으로 흐르기 시작했어. 카이사르의 힘찬 독려와 로마 군에 파견된 게르만 기병의 용맹함이 갈리아 군을 압도하기 시작한 거야.

7장 카이사르 대 베르킨게토릭스 **137**

카이사르 또한 갈리아 군의 의도를 꿰뚫고 새로운 공략을 준비했어. 그는 '알레시아' 요새를 공략하기 쉽지 않을 거라 생각하고 요새를 빙 돌아 거대한 원형의 진지를 구축했어. 로마 군은 20km가 넘는 울타리에 8개의 진지와 보루 23개를 세우며 장기적인 포위 작전을 시작했어.

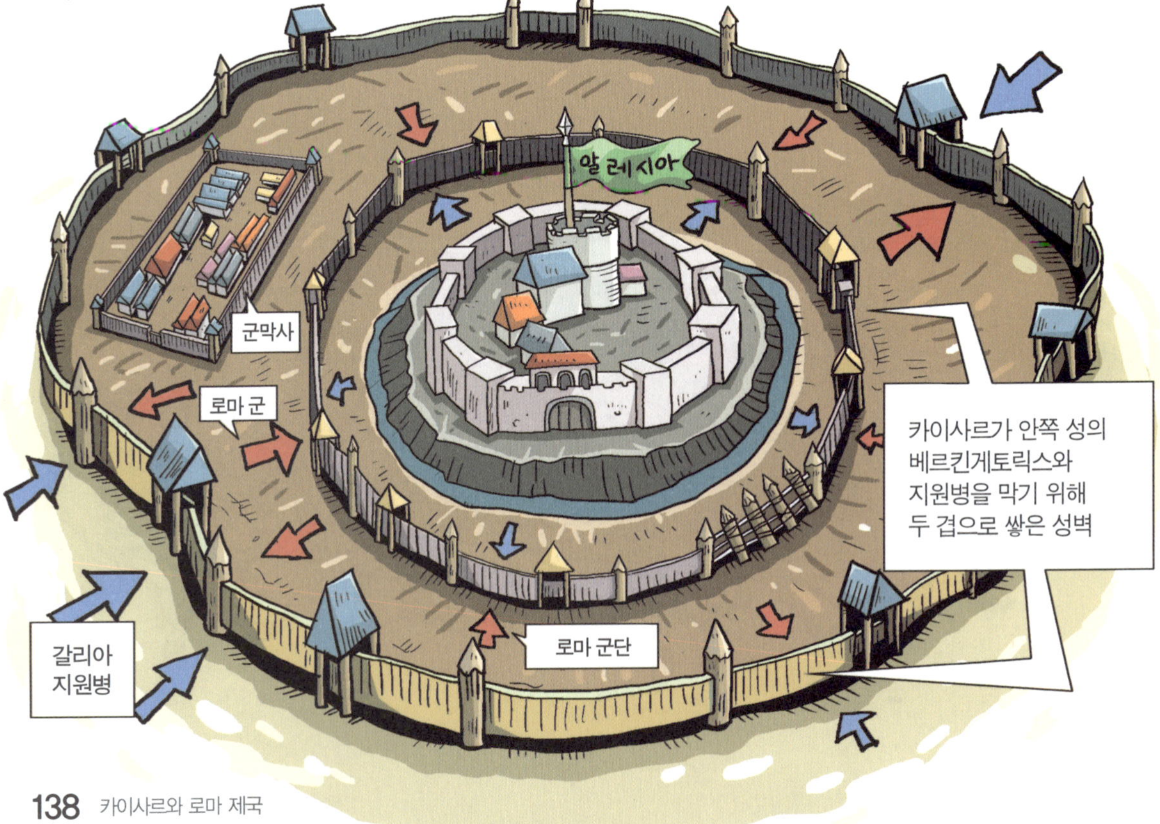

34만 명 대 5만 명의 대결. 총공격의 나팔소리가 울려 퍼지자 양군은 치열한 접전을 벌였어. 날카로운 화살과 무거운 돌덩이가 밤하늘을 날아가는 소리는 죽음에 대한 공포를 더욱 크게 만들었고, 양군의 칼이 부딪치며 내는 금속성의 소리와 병사들의 비명소리가 평원을 가득 채워 갔어.

어둠이 점점 깊어 가면서 분위기는 로마 군 쪽으로 넘어가는 듯했어. 로마 군이 만든 울타리 밖에 접근한 갈리아 군은 구덩이에 설치한 말뚝에 몸이 박히고 어디선가 날아오는 창과 화살에 맞았어.

동이 터올 무렵 정말 수많은 사람들의 시체가 여기저기에 널부러져 있는 처참한 광경이 펼쳐졌어. 갈리아 군은 수적인 우세에도 불구하고 로마 군의 체계적인 공격에 밀려 퇴각하기 시작했어.

첫 번째 싸움 이후 양군은 뒤로 물러나 휴식을 취하며 다음 일전을 준비했어.

다음 날 정오, 어제의 패배를 인식한 듯 갈리아 군은 거센 파도처럼 로마 군을 향해 공격해 왔어.

결사적이라고 할 수밖에 없는 갈리아 군의 공격에 로마 군은 고전했지만 곧 진영을 가다듬고 반격하기 시작했어.

어제의 패배는 없다!
로마 군을 무찔러라!

높은 곳에서 상황을 지켜보던 카이사르가 전선으로 달려와 병사들을 독려하기 시작했던 거야. 카이사르를 보는 순간 로마 군의 사기가 하늘을 찌르며 갈리아 군을 압도했지.

물러나지 마라! 카이사르가 왔다!

진홍색 망토의 카이사르다! 와아!

와! 와 와아

결국 갈리아 군은 퇴각하기 시작했고 로마 군의 일방적인 공격이 계속됐어.

어느 정도 싸움이 끝나갈 무렵 로마 군은 자신들이 승리가 믿기지 않는 듯 서로를 바라보았어.

와아 와아 와아

그도 그럴 것이 갈리아 군 34만여 명 중 살아 돌아간 자는 거의 없었고 대부분 전사하거나 포로가 됐기 때문이지. 실로 엄청난 승리였어.

7장 카이사르 대 베르킨게토릭스 141

한편 베르킨게토릭스는 퇴각한 후 소집된 부족 회의에서 모든 것을 자신이 책임을 지겠다는 말과 함께 로마 군에 항복했어.

이 모든 걸 내가 책임지겠소!

로마 군 앞에 당도한 베르킨게토릭스는 장엄한 차림으로 엄숙한 표정을 지으며 카이사르 앞에 섰어.

그리고 말없이 카이사르를 바라보다가 갑옷을 벗고 무릎을 꿇었어.

내가 졌다! 우리 부족은 살려줘라!

털썩

비록 패장이었지만 당당한 모습으로 앞에 선 것이지.

카이사르는 이런 베르킨게토릭스를 바로 처형하지 않고

로마에 5년간 감금한 후

B.C. 46년 카이사르의 개선식 때 로마 인들에게 공개한 후 처형했어.

이제 8년 동안 계속된 갈리아 전쟁은 베르킨게토릭스의 항복으로 서서히 막을 내리고 있었어.

이후 크고 작은 반란을 제압한 카이사르는 마침내 그의 나이 49세인 B.C. 51년 갈리아 전쟁의 마침표를 찍었어.

카이사르는 갈리아 전쟁으로 인구 500만 명, 이탈리아 반도의 두 배에 이르는 영토 등 실로 막대한 이득을 로마에 안겨 주었어.

이것은 곧 카이사르 개인에게도 엄청난 경제적 이익과 정치적 영향력이 생겼다는 걸 의미해.

B.C. 50년대를 자신의 시대로 만든 카이사르는 갈리아 전쟁을 계기로 로마 역사상 가장 뛰어난 군사 지도자로서의 면모를 보여 주었어. 그래서 후세의 역사가 플루타르코스는 이때의 카이사르를 마리우스, 술라 심지어 동 지중해의 정복자 폼페이우스보다 더 뛰어난 인물로 평가하기도 했어.

이렇게 본다면 승리자인 카이사르가 아닌 패배자인 갈리아 인의 입장에서 이 책을 읽으면 정말 거북하고 가슴 아픈 이야기가 될 수도 있다는 거지.

우리들은 어떤 사실을, 누구의 눈으로, 어떤 면을 중심으로 보느냐에 따라 그 의미가 달라질 수도 있다는 걸 기억해야 해.

상대주의(相對主義, relativism)적 태도가 그래서 중요한 거야.

갈리아 입장에서 보면 카이사르는 자신들의 영역을 침범한 사람, 그 이상도 이하도 아닐 테니까 말이야.

그런 의미에서 카이사르의 갈리아 정복 전쟁을 조금 다른 시각으로 바라보는 태도를 갖는 것도 균형잡힌 인식을 하는 올바른 태도일 수 있어.

그렇게 본다면 갈리아의 총사령관 베르킨게토릭스는 갈리아 독립 투쟁의 선봉에서 목숨을 아끼지 않은 선구적 위인이 되는 거지.

특히, 알레시아 공방전에서 패배한 후 로마에 대한 갈리아의 항전은 개인적인 욕심 때문이 아니라,

ROME TODAY NEWS

그림 한 장에 담긴 이야기
베르킨게토릭스에 대하여

〈카이사르 앞에 항복하러 온 베르킨게토릭스〉 라이오넬-노엘 로이어, 1899.

 B.C. 52년 오늘날 프랑스의 브르고뉴 지방의 오수아 산에서는 로마 군과 갈리아 군의 치열한 전투가 전개되고 있었습니다. 역사에서는 '알레시아 공방전'이라 불리는 이 전투에서 로마의 카이사르와 갈리아의 베르킨게토릭스, 두 영웅은 치열하게 승리를 다투고 있었습니다. 전투는 카이사르가 이끄는 로마 군이 이겼으며, 갈리아의 지도자 베르킨게토릭스는 백마를 타고 카이사르의 앞에 나아가 이렇게 말했습니다.

 "내가 이 전쟁을 일으킨 것은 나의 욕심이 아닌 갈리아의 자유를 위해서였다. 우리는 전운에 굴복하고 말았으니 내가 모든 책임을 질 것이다. 나를 죽이든 산 채로 넘기든 원하는 대로 처리하라." - 《갈리아 전기》 중에서

 그림을 보면 누가 승자인지 착각할 정도로 베르킨게토릭스의 태도가 정말 당당하다는 것을 알 수 있습니다. 오히려 전투의 승자인 카이사르와 그의 참모들의 모습이 더 긴장하고 있는 것

ROME TODAY NEWS

처럼 보입니다. 전쟁에 진 패장이 백마를 타고 나타나 승자의 코앞에 무기를 내던지며 당당하게 항복을 하다니……. 물론 실제로는 옆의 포로처럼 무릎을 꿇고 있었을지도 모르겠습니다.

그렇다면 전쟁에 지고도 저렇게 당당할 수 있었던 베르킨게토릭스의 모습은 과연 무엇을 의미할까요? 그림 속에는 그림이 그려질 당시의 정치적, 사회적 상황이 반영된 경우가 많습니다. 다분히 그 시대의 의식을 담고 있으며 그대로 표현된다는 말이지요. 이 그림은 19세기 프랑스의 나폴레옹 3세가 민족적 영웅을 발굴해 국민들의 결집된 힘을 모으려고 노력하는 와중에 탄생했다고 합니다.

약 2천 년 전 강대국 로마에 대항해 끝까지 항전한 갈리아의 영웅 베르킨게토릭스야말로 백년 전쟁의 영웅 잔다르크보다 더 민족의 영웅이라는 생각을 했던 모양입니다.

"봐라! 우리 프랑스의 조상들은 비록 전쟁에는 졌지만 당당한 모습으로 항복하는 의연함과 과감함을 가졌다."

라고 말하며 프랑스 민족의 사기를 마구 올리고 싶었던 것이지요. 그리고 나폴레옹 3세는 그 마지막 전투의 장소인 알레시아를 찾아내어 그곳에 거대한 동상을 세우도록 지시합니다. 아무튼 당시로서는 베르킨게토릭스의 당당한 태도가 무척이나 그리웠던 모양입니다.

8장 주사위는 던져졌다

장장 8년이라는 기나긴 갈리아 전쟁이 거의 끝나갈 무렵, 카이사르를 기다리고 있던 것은 원로원의 거친 압박이었어.

이젠 물러나!

폼페이우스의 아내이자 카이사르의 딸인 율리아의 죽음(B.C. 54년),

파르티아 원정에서 날아든 크라수스의 죽음과 로마 군의 대패(B.C. 53년)는 결정적으로 로마의 정세에 큰 변화를 주었어.

크라수스가 죽었다!

이제 정치 연합은 삼두정이 아니라 이두정으로 바뀐 것이지.

머리 하나가 없으니 편안하다!

이놈 혹시 딴 생각을…

갈리아 주둔 10개 군단 중 8개 군단을 해산하는 대신 갈리아 속주 총독이 임기를 B.C. 48년까지 연장해 달라는 내용의 타협안은 별 소득이 없었어.

오히려 로마 내에서 카이사르의 의견을 지지하는 호민관과 원로원의 귀족파 간의 치열한 설전이 계속되었고

어느 쪽도 한 치의 물러섬이 없는 팽팽한 대치가 계속되고 있었어.

그러나 로마에서 카이사르의 힘은 좀 밀리는 듯했어.

B.C. 49년 집정관으로 선출된 두 사람, 루키우스 렌툴루스와 가이우스 마르켈루스 모두 카이사르의 강력한 반대파였거든.

B.C. 50년 12월 로마, 원로원 회의장에서는 열띤 토론이 진행되고 있었어.

당연히 토론 주제는 카이사르에 대한 것이었어.

첫째는 갈리아 속주 총독 카이사르의 후임자 결정 문제였는데 참석자 대부분이 찬성표를 던졌고,

둘째는 카이사르의 군대 해산 문제였는데 호민관 쿠리오의 거부권 행사로 부결됐어.

이때 호민관 쿠리오가 카이사르의 타협안을 위임받아 제시했는데

그 내용은 '갈리아 총독 카이사르와 히스파니아 총독 폼페이우스는 동시에 지휘권을 포기하고 군대를 해산한다'는 것이었어.

* 원로원 최후의 포고령(세나투스 콘술툼 울티뭄, Senatus Consultum Ultimum).

카이사르는 B.C. 50년 겨울부터 이곳 루비콘 북단에 군대를 주둔시키며 로마의 상황을 주시하고 있었어.

이탈리아 북부의 리미니의 작은 강 루비콘은 로마의 최후 경계선으로 이곳 남쪽으로 군대를 들이는 것은 곧 반역 행위를 의미하는 것이라고 전에 말한 적이 있어.

로마에서 들려오는 소식 하나하나에 귀를 기울이던 카이사르에게 군대를 해산하고 로마로 복귀하라는 원로원의 명령은 사형 선고나 다름없었어.

카이사르는 흘러가는 루비콘 강을 바라보며 한참을 고민했어.

이 강을 건너면 인간 세계가 비참해지고, 건너지 않으면 내가 파멸한다.

나가자, 신들이 기다리는 곳으로! 우리의 명예를 더럽힌 적이 기다리는 곳으로!

주사위는 던져졌다!*

* 라틴어로 Alea iacta est/alea jacta est, 영어로는 The die is cast.

결국 새로운 로마의 건설이라는 자신의 신념을 위해 카이사르는 마침내 루비콘 강을 건넜던 거야.

이런 기세로 B.C. 49년 1월 12일 루비콘을 건넌 카이사르는 그를 따르는 6천 명의 병사와 중간에 합류한 군단 그리고 지원병 등 순식간에 늘어난 3만 5천 명과 함께 로마로 진격했어.

루비콘을 건넌 카이사르는 원로원의 허를 찌르는 신속한 이동으로 카시아 가도(街道)와 플라미니아 가도(街道)를 따라 로마로 진격했어.

카이사르의 신속한 이동에 당황한 원로원과 폼페이우스는 로마를 버리고 급히 도망치고 말았어. 로마를 버린다는 것은 공화국 전체를 버린다는 상징적인 의미가 있다는 걸 이들은 미처 생각하지 못한 거지.

로마의 원흉 원로들과 폼페이우스를 잡아라!

한 놈도 놓치지 마라!

카이사르다! 일단 도망쳐!

저 녀석들 언제 로마로 들어온 거야!

그런데 재미있는 것은 카이사르를 바라보는 로마 시민의 반응이었어.

이미 그들은 로마 귀족의 보수적 태도에 부정적이었고, 결과적으로 카이사르에게 환호를 보내며 기꺼이 성문을 열어 주기까지 했어.

원로원이 아무리 카이사르가 반역자라고 강조해도 소용없었지.

카이사르는 로마 시민의 이러한 반응에 약탈을 금지시키고 특유의 포용력으로 자신에게 반대했던 사람조차 추방이나 체포도 없이 수용하는 과감함을 보였어.

대중의 심리를 제대로 이용하는 카이사르의 치밀함이 돋보이는 장면이야.

별다른 저항 없이 로마에 입성한 카이사르가 로마의 주도권을 서서히 장악하는 동안, 원로원 귀족들이 보여 준 행동은 정말 한심했어.

카이사르가 로마로 진격한다는 소문에 부랴부랴 짐을 챙겨 자기 한 몸 살자고 도망치는 모습이 로마 시민에게 어떻게 보였을까?

과거 국가의 위기 상황에 지도자로서 마땅히 보여 주었던 로마 귀족의 노블리스 오블리주(Noblesse oblige-
'귀족의 의무'로 쓰이며 보통 부와 권력 명성은 사회에 대한 책임과 함께 해야 한다는 의미)는 과연 어디로 간 것인지 한심함과
함께 배신감이 들었을 거야.

* 에페이로스-지금의 알바니아.

ROME TODAY NEWS

고대 로마에 인터넷이 있었다고?

기자

뉴스가 있는 곳이라면 발 빠르게 달려가는 로베르토 베니니 기자입니다. 오늘의 주제는 "모든 길은 로마로 통한다."라는 말로 힌트를 드리겠습니다. 맞습니다. 바로 '로마의 도로'입니다. 여러분께 도움 말씀 주실 분은 로마 국립대학교에서 30년 동안 오직 로마의 도로를 연구하신 로드리우스 교수님입니다. 교수님 안녕하세요?

로드리우스 교수

예, 반갑습니다. 오늘 이 자리를 빌려 저는 로마가 세계적인 대제국을 이룰 수 있었던 이유를 말씀 드리고자 합니다.

기자

교수님의 말씀을 들으니 마치 로마의 도로가 로마 제국 성공의 가장 큰 요인이라는 것으로 들리는데요.

로드리우스 교수

맞습니다. 로마가 심장이라면 로마의 도로는 심장에 피를 공급하는 핏줄이라고 보시면 됩니다. 로마는 갈리아나 히스파니아 그리고 북아프리카 등으로 정복 활동을 펼치면서 도시를 파괴하고 몰살하는 대신 포용과 개방으로 그들을 로마의 시민으로 수용했습니다. 그 포용 정책의 일환으로 함께 추진한 것이 각 도시를 연결하는 도로였습니다. 그 건설된 도로를 따라 가다 보면 그 중심엔 로마가 항상 있었죠.

기자

교수님 말씀대로라면 로마의 도로는 군사나 물건만 이동했던 것이 아니라 각 지역의 문화도 함께 이동했다는 말씀이신 거죠? 제 생각에도 로마의 속주가 된 지역이 별 문제 없이 로마화된 이유도 끊임없이 교류하고 이동하는 가운데 변화를 수용하는 자세에서 비롯된 것 같거든요.

로드리우스 교수

잘 보셨습니다. 저는 오늘날 전 세계가 인터넷으로 연결되어 있듯이 로마의 도로는 로마 세계를 하나로 묶는 일종의 네트워크라고 봅니다. 현대 사회의 인터넷이 로마에서는 도로라는 이야기이지요. 인터넷은 빈부의 격차, 신분 등을 가리지 않듯 로마를 중심으로 뻗은 도로는 로마와 그 속주들을 연결해서 로마의 개방적이고 포용적인 사고가 퍼져 나가도록 만든 로마 사회의 힘이라는 게 제 연구의 결론이기도 합니다.

ROME TODAY NEWS

기자

로드리우스 교수

"로마의 도로는 인터넷이다." 정말 듣고 보니 교수님의 말씀이 맞는 것 같습니다. 그런데 교수님, 잘 닦여진 도로가 오히려 로마의 해가 될 수도 있지 않았을까요? 물론 그렇지요. 켈트 족의 침입이라든가, 한니발이 너무나 신속하게 로마를 공격한 것이나, 카이사르가 루비콘 강을 건너 곧바로 로마로 진격한 일 모두가 로마의 잘 닦여진 도로가 아니었다면 불가능했을지도 모르지요. 하지만, 천 년의 역사에서 그러한 예는 많지 않았어요. 잃은 것보다 얻은 것이 더 많았다는 거지요.

그런데 요즘도 당시 건설한 도로가 사용되고 있다고 하던데 정말입니까?

사실입니다. 로마 도로의 여왕이라 불리는 '아피아 가도'는 그 일부가 여전히 사용되고 있습니다. B.C. 312년 아피우스 클라디우스가 만들어 자신의 이름을 붙인 이 도로는 이탈리아 반도의 끝까지 확장되어 그리스의 발칸 반도까지 이어져 문화 교류의 산 증인이라고 볼 수 있거든요. 그만큼 로마 인의 도로 건설 기술이 대단히 뛰어났다는 사실도 함께 알 수 있고요.

예, 교수님의 말씀 잘 들었습니다. 말씀대로 로마의 도로는 그냥 길이 아니라 역사라는 생각이 듭니다. 그리고 세계를 이어주는 고대의 인터넷이라는 말씀도 이해할 수 있었습니다. 로마의 개방적, 포용적 태도가 우리가 무심코 다니던 길에도 녹아 있음을 다시 한번 깨달았다는 말씀을 마지막으로 전하며 오늘 특집을 마치겠습니다. 로마 투데이 뉴스 로베르토 베니니 기자였습니다.

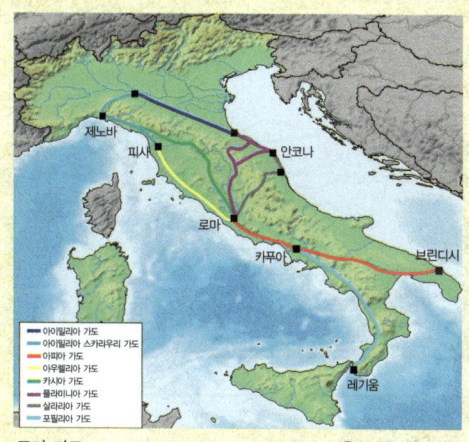

로마 가도 / 출처 〈위키 백과〉

9장 카이사르 대 폼페이우스

카이사르는 루비콘을 건넌 지 두 달 만에 로마를 비롯한 이탈리아 반도를 장악했어. 그리고 혼란한 로마를 안정시킬 필요성을 느꼈지.

현재 로마는 집정관이 없는 이른바 무정부 상태였고 원로원 또한 제대로 기능을 하지 못했거든.

"로마에 남는 자는 카이사르의 편으로 알겠노라."는 폼페이우스의 말 때문에 원로원 의원 대부분은 로마를 비운 상태였고

설사 남아 있더라도 카이사르에게는 비우호적인 상태였어.

3월 19일 카이사르는 일단 군대는 밖에 두고 혼자 로마로 들어가 원로원을 소집해 자신이 루비콘 강을 건넌 이유를 설명했어.

카이사르는 하루 빨리 로마를 안정시키는 것이 자신의 지지 기반을 확고히 유지하는 길이라는 생각에 치안 문제, 민심의 안정 등 내부 혼란을 차분하게 가라앉히기 위한 여러 가지 조치를 강구하게 돼.

특히 갈리아 키살피나*의 속주민에게 로마 시민권을 부여하는 법안을

법무관 로시우스로 하여금 제출하게 하는데 여기에는 여러 이유가 있었어.

* 갈리아 키살피나 : 지금의 북이탈리아.

키살피나가 갈리아 정복에 많은 도움을 준 것에 대한 보답이 첫 번째라면

두 번째는 앞으로 전개될 내전에서 자신에게 실질적 도움이 될 거라는 계산 때문이었어.

말하자면 견고한 뒷배경의 구축이라고나 할까?

먼저 폼페이우스의 거점부터 살펴보면, 그의 영역은 지중해를 중심으로 히스파니아, 북아프리카, 그리고 아시아에 걸쳐 있는데 지도를 보면 로마의 북쪽을 제외한 나머지 지역이야. 그리고 군사력은 물론 물자 조달, 후원 세력 등 카이사르보다 월등한 우세를 보이고 있는 게 사실이었어. 한편 카이사르는 이탈리아 반도와 갈리아 영역이 전부였지.

카이사르: 땅 덩어리 크게 갖고 있다고 넘 설치는 거 아냐?

이놈아! 어디 한번 덤벼 보시지!
이 로마엔 두 개의 태양은 필요 없다!

개인적으로 보낸 카이사르가 절대적으로 불리해 보였어.
이 폼페이우스가 두렵지!

하지만 이후 상황을 보면 전쟁이 꼭 사람의 수나 물질적 우세만으로 승리하는 것이 아님을 알 수 있을 거야.

9장 카이사르 대 폼페이우스

이제 폼페이우스 진영이 오히려 고립되면서 전세는 180도 바뀌게 되었어.

결국 식량과 물이 부족해진 폼페이우스 진영은 항복하고 말았지.

이를 계기로 카이사르는 폼페이우스의 기반이나 다름없는 히스파니아를 손에 넣었어.

히스파니아 진군 두 달 만에 거둔 빛나는 성과였지.

드디어 히스파니아가 이 카이사르 손에 들어 왔다!

카이사르는 히스파니아 전쟁 승리 후 특유의 포용 정책을 통해 폼페이우스 진영의 병사들을 너그럽게 수용하는 정책을 펼쳤어.

본인의 자유로운 선택을 보장해 주었거든. 이것은 폼페이우스 지지 기반을 완전히 와해시키는 결과를 가져왔어.

아마 현재 스페인에 살고 있는 사람 중에는 이곳에 정착한 병사의 후손들이 꽤 될 거야.

대부분의 병사들이 폼페이우스가 있는 그리스로 가지 않고 히스파니아 정착을 원했기 때문이지.

뭐 이곳에 자리 잡고 살면 고향인 거지!

히스파니아에서 전후 처리를 말끔하게 처리한 카이사르가 향한 곳은 마실리아였어.

장장 6개월 동안 진행되던 마실리아 공성전을 마침내 진압한 카이사르는 히스파니아에서와 마찬가지로

* 마실리아 : 현재의 프랑스 남부 도시 마르세이유.

포용적인 전후 처리를 했는데 마실리아의 문화와 역사를 인정해 독립국으로 허용해 주었어.

12월 초 로마로 돌아온 카이사르는 이후 11일 동안 많은 일을 처리했어.

"쉴 시간이 없네!"

우선 독재관(dictator)에 임명되었고 다음 해 집정관에 선출되었어.

그리고 로마 시민들의 내전에 대한 불안을 없애기 위한 축제를 주관하고,

자신의 얼굴과 이름 그리고 임페라토르(Imperator)라는 글자가 새겨진 화폐의 발행까지.

임페라토르가 당시는 개선장군이라는 의미였지만 훗날 황제라는 뜻으로 그 의미가 바뀌게 되지.

* 아킬레스건 : 결정적인 단점 혹은 약점.

재미있는 상상일 거야!

왜냐하면 다음에 계속되는 연이은 전투는 폼페이우스에게 결정적인 영향을 주었기 때문이지. 최후에 웃는 자가 진정한 승리자라는 말은 여기에 해당하니까 말이야.

이젠 내 차례다!

그때 널 쓸어버렸어야 하는데!

디라키움 공방전이 폼페이우스의 승리로 끝난 한 달 후 이제 양 진영은 그보다 동쪽으로 더 이동해 파르살루스 평원에서 마주 보고 있었어.

우리에게 더 이상 패배는 없다!

오늘 이순간 패배자의 얼굴을 버려라!

이제 카이사르와 폼페이우스 간의 대결은 절정으로 치닫기 시작했어. 그동안 카이사르 군은 지난번의 패배 때문에 사기가 떨어진 병사들의 분위기를 쇄신하는 데 주력했어.

패배는 잊어라! 우리에겐 오직 승리만이 있을 것이다!

승리를 예감한 폼페이우스 진영도 거의 축제 분위기였어.

원로원은 폼페이우스에게 하루라도 빨리 카이사르 군을 전멸시키라고 독촉하다 못해 야유까지 보내는 상황이었어.

어서 공격 하시오

겁먹은 거요?

기다리시오! 다 때가 있는 법!

당장 저놈의 목을 잘라라! 로마의 장군 폼페이우스를 저리 대할 수는 없는 법! 용서할 수 없다!

로마의 위대한 장군 폼페이우스에게 어울리지 않는 정말 어이없고 안타까운 죽음이었어.

카이사르는 그의 죽음에 대해 눈물을 흘렸어.

폼페이우스… 이렇게 비참하게… 여기서 만나면 로마로 돌아가 당신과 새로운 로마의 건설을 이야기하려 했는데….

그 눈물의 의미에 대해 여러 해석을 하지만 한때는 로마의 수호신으로 추앙받던 인물의 안타까운 죽음에 대한 애도의 눈물이 아니었을까?

부디 좋은 곳으로 가시게나.

ROME TODAY NEWS

로마 시대 병사들의 무기는 무엇이었을까?

로마의 역사를 쭉 정리해서 보면 전쟁이 참 많았습니다. 테베레 강가의 작은 언덕에서 출발한 로마가 지중해를 중심으로 오늘날 유럽 전 지역을 차지하기까지 로마는 수많은 전쟁을 치르며 성장했다고 해도 과언이 아닐 것입니다. 이탈리아 반도의 통일, 포에니 전쟁, 갈리아 정복을 비롯한 이민족과의 전쟁에서 권력을 쟁취하기 위한 내전에 이르기까지 로마의 역사 자체가 전쟁의 역사라는 생각이 들 정도입니다.

오늘 〈특집〉은 로마 병사들의 무기입니다. 오늘의 로마를 있게 만든 원동력이라 할 수 있는 로마 군의 무기에 대해 알아보도록 하겠습니다.

글라디우스(gladius)

출처 〈위키 백과〉

글라우디우스는 '검'이라는 뜻으로 주로 로마 보병이 사용하던 총 길이 50~70센티미터의 양날 검을 의미합니다. 초기에는 베기와 찌르기 겸용의 긴 검이 사용되었으나 로마 중장 보병이 밀집 대형으로 적과 싸우다 보니 다루기 쉬운 짧은 검으로 바뀐 것이지요. 포에니 전쟁 당시 스키피오 아프리카누스가 히스파니아 원주민들의 검을 도입하여 백병전에 유리하게 변형한 것이라고도 합니다. 로마 군단병의 전법이 전신을 스큐툼으로 단단히 보호하고 상대의 가슴이나 복부를 찌르는데 이런 공격은 상대에게 치명상을 줄 수 있었다고 합니다. 게다가 칼이 크지 않아 동작이 작기 때문에 밀집 대형에서도 문제없이 사용되었으며 특히 방패에 전신을 가린 채로 사용할 수 있어서 방어력도 지극히 높은 전술로 많이 사용되었다고 하네요.

ROME TODAY NEWS

필룸(pilum)

필룸은 전투의 초기에 주로 사용했는데, 던지기도 하고 직접 들고 근접전에서 사용한 창의 일종입니다. 필룸은 1.5m에서 2m 이상에 이르기까지 길이가 다양한데 금속으로 된 창날 부분이 매우 길기 때문에 다른 던지는 창들에 비해 무겁습니다. 그래서 멀리 던지지는 못하지만 매우 강력한 파괴력을 지녔다고 해요. 필룸은 가늘고 날카로워서 적의 방패를 뚫고 가슴에 명중되기도 하고 방패에 꽂히면 빠지지 않아 적의 전진을 방해하고 대열을 엉망으로 만들어 버리기도 하지요. 한마디로 적의 기선을 제압하고 적들의 돌격을 저지하는 아주 중요한 무기라는 이야기죠.

출처 〈위키 백과〉

스큐툼(scutum)

출처 〈위키 백과〉

스큐툼은 타원형 또는 장방형의 방패로 글라우디우스, 필룸과 함께 로마 군의 상징입니다. 스큐툼은 적당한 크기의 판자들을 겹겹이 붙여 강도를 높이고 칼이나 도끼 공격으로 방패가 잘려나가는 것을 막기 위해 청동이나 쇠로 테두리를 둘렀습니다. 그리고 방패 중앙에 구멍을 뚫은 다음 손잡이를 설치하고 방패 전면을 방패심이라 불린 볼록한 반구형 금속 덮개로 막았는데 이는 적의 공격 시 균형을 유지하는 데 큰 도움이 되었습니다. 또한 스큐툼은 크기 때문에 '방패의 벽'을 만들어 방어했고 공성전에서는 사방을 덮어 버리는 '거북등 대형'이라는 대형을 만들기도 했습니다.

이외에도 무기는 아니지만 병사들의 몸을 보호해 주는 여러 장비들도 있었습니다. 병사들이 머리에 쓰는 투구인 카시스(Cassis), 로마 군의 갑옷인 로리카 세그먼타타(Lorica Segmantata), 로리카 하마타(Lorica Hamata)라고 불리는 쇠사슬 갑옷 등이 있는데 이것들의 공통점은 병사들의 몸을 감싸 주어 적의 공격으로부터 보호해 주는 것이었습니다.

10장 카이사르의 최후

폼페이우스의 죽음으로 우선 큰 부담을 던 카이사르는 이후 이집트에 머물면서 이집트 내정에 깊숙히 관여하게 되고 알렉산드리아 전쟁에 참가하게 되었어.

나 참 누구 편을 드나?

누나한테 양보해!

무슨 소리 누나가 양보해!

당시 이집트는 왕위를 둘러싸고 프톨레마이오스 13세와 누이인 클레오파트라가

심각한 갈등을 벌이고 있었어.

카이사르는 자신의 승전보를 로마에 있는 친구에게 전했어. "왔노라, 보았노라, 이겼노라(VEDI, VINI, VICI)."라고. 말이야.

이듬해인 B.C. 46년 4월 초 카이사르는 북아프리카의 탑수스에서 메텔루스 스키피오와 누디아 연합군을 상대로 큰 승리를 거두어 기선을 제압했어.

그리고 다음 행선지는 카토가 버티고 있는 우티카였어.

카토는 평소 로마 공화정에 대한 강한 정치적 신념이 있는 인물로 카이사르에게는 눈엣가시 같은 존재였어.

물론 카토도 카이사르를 좋아하지 않았지만 말이야.

카토는 분명하게 카이사르가 로마 공화정을 위협하는 존재가 될 거라고 말했거든.

이런 카토에게 카이사르가 다가오고 있다는 사실은 견디기 힘든 고문 같았을 거야.

* 회전 : 일정 지역에 대규모의 병력이 집결해 결투를 벌이는 일.(문다에서 폼페이우스 군과 카이사르 군이 전투를 벌인 것을 '문다 회전'이라 한다.)

5년 후 카이사르는 로마의 1인자가 되어 있었던 거야.

로마 역사상 어느 누구도 못한 권력의 중심에서 카이사르가 어떤 모습으로 로마를 개혁하는지 자세하게 살펴보자고.

10년 임기의 독재관이 된 카이사르는 이제 자신의 뜻대로 로마를 개혁하겠다는 의지를 표명했어.

이때 눈여겨 볼 것이 있는데 바로 카이사르 특유의 포용 정책이야.

그는 내전에서 서로에게 칼을 겨누었던 적에게조차 로마의 관직을 허용하고

심지어는 군대의 지휘권까지 맡기기도 했어.

가령, 로마에 대규모 박물관과 도서관을 건설하면서 그 책임을 바로*에게 맡기는데 그는 폼페이우스의 추종자였으며 예전 삼두정에 대해 '머리가 셋 달린 괴물'이라는 말까지 했던 인물이었어.

* 바로(Varro, Marcus Terentius)

게다가 카이사르가 로마에 술라와 폼페이우스의 동상을 다시 만든 것도 매우 인상적이야.

이러한 여러 일화를 통해 로마의 화합을 위해 과감한 결단을 내린 카이사르의 고뇌를 상상할 수 있을지도 모르겠어.

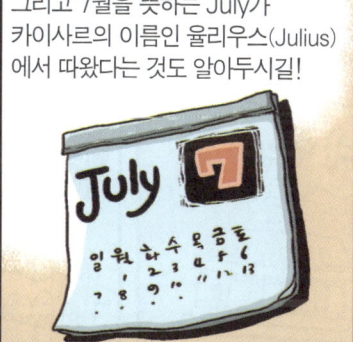

바로 로마 공화정의 숨이 서서히 멎어 가면서 완전하지는 않지만 새로운 형태의 제정이 시작되었음을 의미하는 것은 아닐까?

카이사르는 왕관만 쓰지 않았을 뿐 왕의 붉은색 관복을 입고, 왕의 자리를 상징하는 황금 의자에 앉는 등 1인 독재자의 모습 그 자체였어.

왕관 쓰는 게 뭐 어려워! 맘만 먹으면 게임 아웃이지!

한 달 후 카이사르는 파르티아(Parthia) 원정에 대한 계획을 발표했어.

크라수스의 복수를 해 주겠다!

예전에 크라수스가 정복 전쟁을 벌였다가 로마에 비참한 패배를 안겨 준 나라. 아마 기억날 거야.

그런데 이 발표 이후 로마에는 카이사르가 왕이 되려 한다는 소문이 퍼지고 있었어.

카이사르가 왕이 되려 한다

오직 왕만이 파르티아를 정복할 수 있다는 예언과 함께 말이야.

오직 왕만이 파르티아를 정복할 수 있다

카이사르는 로마 시민들이 권력에 집착이 강하고 왕에 대한 거부감이 강하다는 사실을 알았기에 강하게 자신의 뜻을 밝혀야 했어.

로마는 왕을 필요로 하지 않아!

평소처럼 호위병도 없이 등장한 이때 카이사르에게 재판에 대한 탄원을 청하는 몇몇의 무리가 다가왔어.

카이사르에게 다가온 무리들이 서서히 자신을 에워싸는 것을 의식했을 때는 이미 늦었어.

카이사르는 등 뒤에서 큰 고통을 느꼈어. 이것을 신호로 암살자들이 한꺼번에 달려들어 카이사르의 몸을 찌르기 시작했어. 고통에 몸부림치던 카이사르에게 이때 낯익은 자들의 모습이 들어왔어. 함께 전장을 누비며 싸웠던 자들, 자신의 포용으로 사면을 받아 지금 이 자리에 서 있는 자들….

이때 카이사르는 깜짝 놀라 한 남자에게 시선이 박혔어. 그리고 나지막히 말했어.

브루투스 너마저?

10장 카이사르의 최후

내전이 끝난 지 불과 1년도 안 되어 카이사르는 살해되고 만 거야.

암살자들이 일을 끝낸 후 카이사르가 피를 흘리며 누워 있는 자리 위에는 공교롭게도 폼페이우스의 동상이 마치 처음부터 다 보았다는 듯이 물끄러미 내려다보고 있었어.

카이사르의 마지막 말 속에 등장하는 브루투스가 '마르쿠스'인지 '데키우스'인지 분분하지만

이 말은 인간에 대한 믿음이 깨진 것에 대한 카이사르의 탄식이라고 할 수 있어.

B.C. 44년 3월 15일, 카이사르는 그렇게 최후를 맞았어.

처음 이 글을 시작할 때 이야기했던 카이사르를 '로마 공화정의 파괴자로 볼 것이냐' 아니면 '로마를 구원한 위대한 정치가로 볼 것이냐'라는 질문 기억나?

카이사르는 자신의 목표인 '팍스 로마나'를 만들기 위해서는 그리고 로마를 개혁하고 변화시키려면 반드시 큰 힘이 있어야 한다고 믿었는데 그게 독재자의 모습으로 나타난 거지.

카이사르의 죽음 이후 로마는 과연 어디로 흘러 갈 것인가?
이제 로마는 권력을 둘러싸고 새로운 인물들의 암투와
처절한 전쟁으로 치닫게 되는데…
한 치 앞도 볼 수 없는 안개 정국 속에서 과연 누가 먼저
승리의 미소를 지을 것인지 벌써부터 궁금해지는걸!

독자 여러분,
로마 제국의 흥미진진한 사건들과
다음 책에서 또 만나자고!

재미있는 퀴즈로 풀어 보는 카이사르의 모든 것

1. 카이사르의 청년기는 민중파와 귀족파 간의 치열한 권력 다툼이 있었던 시기입니다. 이때 카이사르의 고모부가 된 사람의 이름은?
   ① 폼페이우스   ② 마리우스   ③ 술라   ④ 크라수스   ⑤ 스파르타쿠스

2. 여러 관직을 거친 카이사르가 37세 때 목숨을 걸고 도전한 로마의 관직은?
   ① 법무관   ② 집정관   ③ 조영관   ④ 감찰관   ⑤ 최고 신관

3. 카이사르는 히스파니아 속주 총독을 마친 후 돌아와 원로원의 견제를 극복하기 위해 삼두정을 결성합니다. 참가한 세 사람의 이름을 쓰세요.

   _____

4. B.C. 58년 카이사르가 속주 갈리아 총독으로 부임한 후 그 지역을 정복하는 전쟁을 수행하며 각종 정보를 담은 책을 썼습니다. 그 책의 제목은 무엇일까요?
   ① 갈리아 산책   ② 갈리아 정복   ③ 갈리아 전기   ④ 갈리아 침략   ⑤ 갈리아 사람

5. 다음 보기를 읽고 (   ) 안에 들어갈 알맞은 단어를 고르시오.
   카이사르는 갈리아 전쟁의 막바지에 강력한 적수를 만납니다. 갈리아 인의 총 단결을 외치며 일어난 (   )는 강력한 카리스마를 바탕으로 갈리아 부족을 이끌지요. 하지만 그는 로마 군과의 정면 대결에서 패하고 (   )로 들어가 마지막 결전을 준비합니다. 하지만 이 전투의 마지막 승리자는 카이사르였습니다.
   ① 스파르타쿠스 – 시칠리아   ② 베르킨게토릭스 – 알레시아
   ③ 세르토리우스 – 히스파니아   ④ 마르켈루스 – 갈리아 키살피나
   ⑤ 클로디우스 – 브리타니아

6. 카이사르가 로마로 진격할 때 루비콘 강을 건너면서 했다고 전해지는 말은?
   ① 로마에게 영광을 카이사르에게 권력을
   ② 한다면 한다. 로마로 가자.
   ③ 신이시여! 용서하소서.
   ④ 주사위는 던져졌다
   ⑤ 강물이 너무 찬데!

7. 카이사르의 로마 진격에 대항하여 원로원은 폼페이우스로 하여금 맞서게 합니다. 이후 카이사르와 폼페이우스는 여러 차례 전투를 치르는데 두 사람의 마지막 전투가 벌어진 장소는?
   ① 마라톤 평원   ② 파르살루스 평원   ③ 마실리아 평원
   ④ 파르티안 평원   ⑤ 일리리아 평원

8. 내전을 끝내고 권력을 잡은 카이사르가 한 행동으로 거리가 먼 것은?
   ① 적군으로 싸웠던 사람에게도 관직을 허용했다.
   ② 로마에 술라와 폼페이우스의 동상 건립에 찬성했다.
   ③ 로마를 둘러싼 성벽을 더 높게 쌓기 위해 공공근로를 실시했다.
   ④ 달력을 개정해 로마 제국과 그 속주에 동일한 기준을 제공했다.
   ⑤ 로마의 실업자들을 식민지에 보내 경제적 불평등을 해소하려는 노력을 했다.

9. 카이사르가 암살당한 당한 것은 B.C. 44년 언제인가?
   (월   일)

10. 죽어가는 카이사르가 최후로 이 사람의 이름을 불렀다고 합니다. 누구일까요?
    ① 율리아   ② 브루투스   ③ 마리우스
    ④ 레피두스   ⑤ 안토니우스

'연표로 알'아보는 로마

연대(기원전)	주목할 만한 사건들
115	크라수스 출생함.
106	키케로, 폼페이우스 출생함.
100	마리우스 퇴역병을 위한 토지 분배 실시함.
	율리우스 카이사르 탄생함.
91	호민관 드루수스, 이탈리아 인에게 시민권 부여 법안 제출하나 반대파에 의해 암살당함.
	동맹시 전쟁 발발함.(~89)
89	폼페이우스 전리품 횡령 혐의로 기소됨.
88	1차 미트라다테스 전쟁 시작.(~84)
	술라 집정관에 선출됨. 마리우스 추방됨.
87	술라와 마리우스의 대립으로 내전 시작됨.
86	마리우스 사망함.
83	술라의 로마 진격, 크라수스와 폼페이우스가 술라의 군대에 합류함.
83	카이사르 술라의 위협을 피해 소아시아로 도피함.
81	술라 독재관에 선출. 공포 정치 시작됨.
	폼페이우스 술라의 허가를 받고 개선식 거행함.
	키케로, 로스키우스의 변호를 통해 명성을 얻음.
80	히스파니아에서 세르토리우스의 반란 일어남.(~72)
77	폼페이우스 세르토리우스 반란을 진압하러 히스파니아로 파견 나감.
76	카이사르, 로도스 섬으로 유학 가는 도중 해적의 포로가 됨.

연대(기원전)	주목할 만한 사건들
73	스파르타쿠스 노예 전쟁 일어남.(~71)
73	크라수스, 속주 총독의 자격으로 노예 반란 진압의 총사령관에 임명됨.
	2차 미트라다테스 전쟁 발발함.(~67)
	카이사르, 귀국 후 제사장에 임명됨.
71	폼페이우스, 스파르타쿠스 반란군 진압함.
70	크라수스와 폼페이우스 집정관에 임명됨.
	가비니우스 법안으로 폼페이우스에게 절대 지휘권 위임함.
	카이사르, 원로원 의원이 됨.
	키케로, 베레스 기소 사건을 계기로 로마 정계에 입문함.
68	카이사르, 장례식 추도 연설로 주목을 받음.
67	폼페이우스 해적과의 전쟁 선포 – 3개월 만에 제압함.
66	3차 미트라다테스 전쟁 발발함.(~63)
65	폼페이우스, 유대 왕국을 정복함.
63	카이사르, 최고 신관의 자리에 오름.
	키케로, 집정관에 선출.
	카틸리나 음모 사건 발생함.
	키케로 카틸리나 사건을 해결하고 파테르 파트리아이에 명명됨.
	폼페이우스, 아시아 지역 평정함.
	옥타비아누스 출생함.
62	카이사르, 법무관에 취임함.
61	카이사르, 히스파니아 총독으로 부임함.
	폼페이우스, 개선식 거행함.
60	카이사르, 폼페이우스, 크라수스가 손을 잡고 삼두 정치를 결성함.
59	카이사르, 집정관에 취임하여 원로원 회의록을 공개하고 농지법을 통과시킴.
58	카이사르, 갈리아 총독에 부임함.
	갈리아 전쟁이 시작됨.(~51)
55	카이사르, 폼페이우스, 크라수스, 루카에서 삼두 정치 체제를 공고히 함.
	폼페이우스와 크라수스가 집정관에 취임함.

연대(기원전)	주목할 만한 사건들
	1차 브리타니아 원정 시작.
54	크라수스, 파르티아로 진격함.
	2차 브리타니아 원정 시작.
53	크라수스, 파르티아와의 전쟁에서 전사함.
52	갈리아에서 베르킨게토릭스가 군대를 일으킴.
	카이사르, 게르고비아 전투에서 패배 후 철수함.
	베르킨게토릭스, 알레시아 공방전에서 항복함.
	폼페이우스, 단독 집정관에 선출되면서 카이사르와 대립함.
51	카이사르, 갈리아 전쟁을 마무리하고 《갈리아 전기》 완성함.
	키케로, 킬리키아 속주 총독으로 임명됨.
50	카이사르와 원로원 간의 본격적인 대립이 시작됨.
49	원로원 카이사르에 원로원 최종 권고를 내림.
	카이사르, 루비콘 강을 건너 로마로 진격함.(주사위는 던져졌다)
48	카이사르, 파르살루스에서 폼페이우스 군대를 격퇴함.
	폼페이우스, 이집트에서 암살당함.
	카이사르, 이집트의 알렉산드리아에 상륙한 후 이집트 내정에 참여함.
47	카이사르, 소아시아의 파르케나스에 승리함.(왔노라, 보았노라, 이겼노라)
	카이사르, 로마의 최고 지배자가 됨.
46	카이사르, 탑수스에서 스키피오 군 격파함.
	카토, 우티카에서 자살함.
	카이사르, 로마로 돌아와 개선식 거행함.
45	카이사르, 율리우스력 시행함.
	문다 회전에서 폼페이우스파 물리치고 내전을 끝냄.
	카이사르, 각종 개혁 법안을 실시함.
44	카이사르, 자신을 공화정 복구를 위한 영구적 독재관으로 임명함.
	파르티아 원정 계획을 발표함.
	카이사르, 폼페이우스 회랑에서 카시우스, 브루투스 일당에 암살당함.
	카이사르, 유언장에서 제1상속인으로 옥타비아누스 지명함.
43	키케로 살해됨.